Alfons Söllner
ad Hannah Arendt

EVROPA

Alfons Söllner

ad Hannah Arendt
Elemente und Ursprünge totaler Herrschaft

Europäische Verlagsanstalt

Bibliografische Information der Deutschen Nationalbibliothek
Die Deutsche Nationalbibliothek verzeichnet diese Publikation in der Deutschen Nationalbibliografie; detaillierte bibliografische Daten sind im Internet über http://dnb.d-nb.de abrufbar.

Umschlaggestaltung und Satz: Christian Wöhrl, Hoisdorf
Signet: Dorothee Wallner nach Caspar Neher »Europa« (1945)

Printed in Germany

ISBN 978-3-86393-117-9

Auch als E-Book erhältlich, ISBN 978-3-86393-575-7

Informationen zu unserem Verlagsprogramm
finden Sie im Internet unter
www.europaeischeverlagsanstalt.de

Inhalt

Anleitung zu einem heterodoxen Klassiker

Es ist in der akademischen Sprache heute üblich geworden, ein großes Buch oder ein anderes herausragendes Geistesprodukt aus der näher liegenden Ideengeschichte als „modernen Klassiker" zu bezeichnen. Dabei wird nicht immer bedacht, dass dieses kaum zu übertreffende Kompliment eigentlich einen ziemlich heftigen Widerspruch einschließt. Auch wenn das Empfinden dafür in immer weitere Ferne zu rücken scheint – nach wie vor gibt es die kanonbildende Tradition, dass „klassisch" das seit der Antike Geltende, vor allem dessen ästhetisch vollkommene Darstellung ist, während der Ausdruck „modern" irgendwie das Gegenstück dazu bezeichnet und dieses damit auch abwertet. Noch immer klingt herüber, was einmal die „Querelle des Anciens et des Modernes" genannt wurde und bis zum Ende des 18. Jahrhunderts in der europäischen Geistesgeschichte beinahe omnipräsent war. Kann man mit dieser ausladenden Gedankenfigur einen Zugang auch zu Hannah Arendt finden?

In der vorliegenden Sammlung von drei Essays wird Hannah Arendt nicht ein weiteres Mal als die große politische Denkerin gefeiert, als die sie vor allem durch „Vita activa", das „philosophischste" ihrer Bücher, bekannt geworden ist. Das Ziel des

Bändchens ist sowohl bescheidener als auch subjektiver: Der Verfasser möchte an Hannah Arendts erstes Buch von 1951 heranführen und greift dafür auf zwei ältere Aufsätze und einen jüngeren Essay zurück; und er möchte durch ihre leicht modifizierte Neupublikation Rechenschaft darüber geben, warum es für seine Generation, bei aller Faszination durch Hannah Arendts späteren Denkweg, eine Art von Zwang gegeben hat, immer wieder zu dessen Ausgangslage zurückzukehren. Was sagt das über die intellektuellen Fixierungen der Nachgeborenen, zumal derer, die im Umkreis von „1968" politisch aufgewachsen sind? Für Hannah Arendt selber war das Totalitarismus-Buch von offensichtlicher Bedeutung, es machte sie, wie es oft heißt, „über Nacht berühmt". Und was die „geistige Situation der Zeit" betrifft, so lässt sich der bekannte Titel von Karl Jaspers aus den Krisenjahren der Weimarer Republik ohne Umschweife auf die spätere Prominenz seiner ehemaligen Doktorandin ummünzen: ihr publizistischer Erstling steht am Eingangstor der Epoche „nach Hitler".

Wenn man also „The Origins of Totalitarianism" als „modernen Klassiker" des politischen Denkens bezeichnen möchte – was kann damit gemeint sein? Offensichtlich war es weder das Bekannte oder zeitlos Gültige noch die abgerundete Form der Darstellung, was das Totalitarismus-Buch so sensationell gemacht hat, vielmehr muss man eher vom Gegenteil ausgehen: Dieses Buch hatte nicht nur eine lange Inkubationszeit durchlaufen, bis es 1951 ans Licht der Öffentlichkeit trat, sondern es ließ die Spuren seiner wechselvollen Entstehung noch an seiner Endgestalt deutlich hervortreten, was seiner inneren Geschlossenheit, wie manche Kritiker meinten, eher abträglich war. Dieser Einwand wird im Folgenden aufgenommen und ins Positive gewendet:

Ist Hannah Arendts Totalitarismus-Buch etwa deswegen ein „moderner Klassiker" des politischen Denkens geworden, weil sich in ihm intellektuelle und politische Ungleichzeitigkeiten der stärksten Art versammelt haben? Als Jüdin verfolgt und zur Flucht gezwungen, begibt sich eine junge Philosophin auf eine intellektuelle Reise, die sie in ganz unphilosophische Gegenden führt. Den widrigen Umständen zum Trotz geht daraus ein so eigenwilliges wie freistehendes Gedankengebäude hervor, das eines entschieden auszeichnet: es stemmt sich gegen die zeitgeschichtliche Katastrophendynamik. Das Ergebnis der weitläufigen Studien ist ein historisch-philosophischer Zwitter, ein Mammutwerk, das eine Unmenge an historischen Details transportiert, aber auch dezidierte politische Urteile fällt und dafür eine ganz eigene philosophische Sprache erfindet. Dieses Buch schlägt wie ein rätselhafter Meteorit in das Amerika der frühen 1950er Jahre ein, weil es Vergangenheit und Gegenwart auf eine Weise miteinander vermittelt, die so schockierend wie vieldeutig ist.

Das bedeutet nicht, dass das Totalitarismus-Buch ein Werk ohne Zentrum ist, vielmehr gibt es ein durchgehendes Leitmotiv, das das gesamte

Werk durchdringt und auch dort präsent bleibt, wo sich die Erzählung, wie in den ersten beiden Hauptteilen des voluminösen Buches, in scheinbar weit entfernte historische Regionen begibt. Grundlegend ist und bleibt die Erfahrung von Fremdsein und Exil, die aber nicht statisch erlebt, sondern zur existentiellen Zeitgenossenschaft umgewandelt wird und aus diesem Schwung heraus großflächige Rückprojektionen erlaubt: Antisemitismus und Imperialismus, die Ideologien des 19. Jahrhunderts erscheinen als die Vorgeschichte eines destruktiven Gesamtprozesses, der in die totalitären Diktaturen des 20. Jahrhunderts einmündet und im Hitler-Faschismus zur Vollendung gelangt. Aber ist dieser Dreierschritt im einzelnen nachvollziehbar, steht diese wuchtige „grand narrative" wirklich auf solidem Grund, sei es ein historischer, philosophischer oder eine Vermischung von beidem?

Am deutlichsten fassbar ist das fragliche Kontinuum der Erzählung am Komplex des Antisemitismus. Was als persönliches Erlebnis beginnt und mit Verfolgung und Vertreibung eine traumatische Vertiefung erfährt, wird zunächst in die Entstehungszeit des bürgerlichen Nationalstaates zurückprojiziert, erfährt im Kolonialismus und Imperialismus des 19. Jahrhunderts sicherlich eine andere, mehr nach außen gewendete Dynamik, doch setzt sich der eigentliche Kern dieser europäischen Gewaltgeschichte, die Ideologie des Rassismus ungebrochen ins 20. Jahrhundert hinein fort: Die faschistischen Bewegungen halten sich zwar zunächst an nationalstaatliche Pfade, doch setzt sich mit Hitlers Machtergreifung im Zentrum Europas eine totalitäre Gewaltpolitik durch, die schließlich den ganzen Kontinent mit Aggression und Krieg überzieht. Mit der schonungslosen Schilderung der totalitären Lagerwelt, die dem organisierten Genozid zuarbeitet, erreicht das Totalitarismus-Buch seine größte Eindeutigkeit, ausformuliert in einer philosophischen Sprache, die den deutschen Existenzialismus sowohl beerbt wie umdeutet.

Doch selbst wenn man solche Überlegungen zu konstruiert, jedenfalls nicht überzeugend findet – offensichtlich strebte Hannah Arendt im Totalitarismus-Buch keine geschlossene Erzählung an, sondern orientierte sich am Bauplan einer offenen Form. Welcher, wäre zu fragen! Damals wie heute steht der Leser vor einem ebenso weitläufigen wie komplexen Gedankengebäude, das man durch viele Türen betreten kann und aus dessen Fenstern ebenso viele Ausblicke möglich sind. Der erste der drei Essays, zugleich der längste, leitet daraus die Freiheit ab, Hannah Arendts erste Exilstation, die in der Literatur bislang wenig Beachtung gefunden hat, als wegweisend für ihre politische Lerngeschichte zu behaupten, die sich dann, über die 1950er Jahre hinaus als so produktiv erwies. Ihr „französisches Jahrzehnt" dient als Leitfaden, um sich auf dem „weiten Feld" des Totalitarismus-Buches zu orientieren, und gleichzeitig erscheint der französische Nationalstaat als konstruktives Modell, das – im Guten wie im Schlechten – durch die europäische Geschichte führt, bis es vor den totalitären Lagern der 1940er Jahre schockiert zum Stehen kommt.

Damit ist sicherlich nur ein Bedingungsfaktor genannt, der die historischen Exkurse des Totalitarismus-Buches so ausschweifend, aber auch unverwechselbar gemacht hat. Um das Bild zu komplettieren, könnte es nützlich sein, sich den dritten Teil des Buches getrennt vorzunehmen, um die hier durchgeführte Totalitarismus-Theorie in Beziehung zu setzen zu „anderen", mehr oder weniger prominenten Werken aus der Feder von Hitler-Flüchtlingen. Der Vergleich, der im zweiten Aufsatz des vorliegenden Buches angestrebt wird, ist nicht primär auf eine Bewertung angelegt, vielmehr soll Hannah Arendts „philosophischer" Zugriff durch den idealtypischen Kontrast herausgestellt werden. Dafür eignet sich eben der Totalitarismus-Komplex am besten, weil er durch die politische Feindkonstellation, d.h. die prinzipielle Gegnerschaft gegenüber Nazi-Deutschland eine Gemeinsamkeit markiert, während jeder der Mitemigranten eigene theoretische und methodische Prägungen aus der Zeit vor Hitler mitbrachte, die jeweils zu alternativen Interpretationen führen konnten. Das Tableau, das sich daraus ergibt, ist pluralistisch und lässt das Totalitarismus-Buch in einem politiksemantischen Spannungsfeld erscheinen, dessen Dynamik sich in den 1940er Jahren steigerte und das man – natürlich verkürzt – durch den Übergang vom Faschismus- zum Totalitarismusdiskurs kennzeichnen kann. Hier befindet sich die Stelle, an der Hannah

Arendt in die Wissenschaftsgeschichte der Nachkriegszeit eintrat.

Der dritte Text des vorliegenden Buches ist als Rezensionsessay zum ersten Band der lange erwarteten Gesammelten Schriften entstanden. Er beschäftigt sich mit der turbulenten Phase im Schaffen von Hannah Arendt, die auf das Totalitarismus-Buch folgte, und verweist indirekt auf das vielleicht größte Desiderat der Arendt-Literatur, nämlich Auskunft darüber zu geben, wie dieses Buch in der Werkstatt der Autorin im Einzelnen „gemacht" wurde. Wir wissen seit langem, dass viele Passagen der 1951 gedruckten Endfassung vorher als größere oder kleinere Essays in amerikanischen Zeitschriften erschienen waren – aber wie und nach welchen Gesichtspunkten hat die Autorin diese schon einmal publizierten Texte ausgewählt und umgearbeitet, um sie in das endgültige Buchformat einzupassen? Oder: welche Veränderungen hat Hannah Arendt vorgenommen, als sie den englischen Text von 1951 übersetzte und 1955 auf Deutsch herausbrachte? In der kreativen Dialektik von Essay und Buch lag offensichtlich eines der Produktionsgeheimnisse dieser Autorin – was verrät darüber die konkrete Machart des Totalitarismus-Buches? Auf den einschlägigen Band der Gesammelten Schriften darf man also gespannt sein!

Was aber die Werkentwicklung *nach* 1951 betrifft, so sieht es damit weit besser aus, zumal wenn man die hier aufgestellte Norm auf Hannah Arendts „Vita activa" aus dem Jahr 1957 bezieht. Tatsächlich dürfte es einfacher sein, dieses Buch als „Klassiker" zu bezeichnen, vielleicht sogar als „orthodoxen Klassiker". Zwei Argumente lassen sich dafür stark machen, wenn man sich nicht mit der Aura der „politischen Philosophin" begnügen will, die sich wirkungsgeschichtlich durchgesetzt hat, obwohl Hannah Arendt selber ihr bekanntlich abgeschworen hatte: Einmal ist „Vita activa" sowohl dem Argumentationsaufbau wie der philosophischen Diktion nach keine offene, sondern eine geschlossene Form, zum andern war die Rückkehr zum politischen Denken der Antike tatsächlich programmatisch gemeint. Hannah Arendt wollte eine positive Tradition der politischen Philosophie wiederbeleben, deren Herzstück eine emphatische Theorie des politischen Handelns war. Sicherlich war damit der im Totalitarismus-Buch avisierte absolute Nullpunkt, der im Holocaust vollendete „Zivilisationsbruch" (Dan Diner) nicht einfach beiseite gerückt, doch wurde jetzt der rettende „Tigersprung" (Walter Benjamin) vorstellbar, der als Beute den Abglanz der Antike mit sich führte.

„Adieu, la France?“ – Frankreich im Frühwerk von Hannah Arendt

„Frankreich, das immer Modell für den Nationalstaat war, wie die Juden Modell der Minderheit“[1]

Wie ihr publizistisches und ihr nachgelassenes Werk selber, ist auch die Literatur über Leben und Wirken von Hannah Arendt längst unüberschaubar geworden. Versucht man sich darin zu orientieren, so erweist sich zumindest ein roter Faden als durchgehend präsent, nämlich die Erfahrung von Vertreibung und Flucht, die nicht nur Hannah Arendts persönliche Geschichte weit über die Lebensmitte hinaus geprägt, sondern auch die Entwicklung ihres Werks maßgeblich beeinflusst hat. Umso bemerkenswerter ist, dass die erste große Station auf dieser erzwungenen Wanderung, nämlich Hannah Arendts beinahe achtjähriger Aufenthalt in Frankreich zwar bekannt, aber in seiner Bedeutung kaum gewürdigt worden ist. Dabei ist offensichtlich, dass Frankreich und seine Geschichte in ihrem politiktheoretischen Erstling über den Totalitarismus häufig auftauchen, während ihr späteres Schlüsselwerk über die Revolution geradezu von der französischen Geschichte lebt, auch wenn es sich um eine scharfe Abgrenzung handelt.

Das Ziel dieses Aufsatzes ist weniger Hannah Arendts persönliche Frankreich-Erfahrung, die auch in der biographischen Literatur nicht dicht dokumentiert ist.[2] Tatsächlich reicht die Mehrzahl der publizierten Briefwechsel nicht in die frühen 1930er Jahre zurück und ist damit zumindest für die erste Zeit in Paris wenig informativ. Trotzdem lassen sich die disparaten Facetten soweit zusammensetzen, dass ein Bild davon entsteht, wie Hannah Arendt in Frankreich gelebt und was sie dort erlebt hat, verlässlich jedenfalls insoweit, wie es zum Ausgangspunkt eines intellektuell so singulären wie politisch signifikanten Lernprozesses wurde. Das Exil als existentielle Erfahrung und als Exerzitium der Politisierung – dieser doppelte Topos spielt in der persönlichen Erinnerung Hannah Arendts eine ebenso große Rolle wie er durch die sog. Exilforschung nachträglich als das eigentliche Erbe der Epoche zwischen 1933 und 1945 bestätigt worden ist.

In diesem Sinne soll nach dem Stellenwert gefragt werden, der Frankreich in der Erfahrungsgeschichte einer deutschen Jüdin zukam, die in Philosophie promoviert war und durch das Hitler-Regime aus den vertrauten Verhältnissen geworfen wurde. Dass sie dadurch auf die exzentrische Bahn einer großen Politiktheoretikerin in spe geleitet wurde, ist natürlich eine nachträgliche Konstruktion. Doch dass das Politische oder genauer: die Untrennbarkeit von historischer Erfahrung und politischer Reflexion die zentrale Lektion war, die sie daraus ableitete – dies soll im Folgenden in drei Schritten dokumentiert werden: Ausgangspunkt ist ein Versuch über das Exil in Paris, wie es sich für Hannah Arendt in den 1930er Jahren darstellte (Kap. I). Nach ihrer (zweiten) Flucht in die USA kommt es in den frühen 1940er Jahren zu einer ersten Reminiszenz, jedoch tritt der Frankreich-Komplex angesichts neuer historischer Herausforderungen wieder in den Hintergrund (Kap. II). Auch im Totalitarismus-Buch von 1951 scheint Frankreich zunächst nur subkutan präsent, es erweist sich aber bei genauerem Hinsehen als das Modell, das der europäischen Geschichte Gestalt verleiht (III). Am Ende steht eine Spekulation, die der Historikerin Hannah Arendt eine theoriepolitische Perspektive ansinnt (Kap. IV).

I. Pariser Exil 1933–1941: Spuren einer Politisierung

Soviel wir über ihre Kindheit und Jugend wissen, wuchs Hannah Arendt wohlbehütet in einem assimilierten jüdischen Elternhaus auf, was frühe Brüche und Berührungen mit dem gesellschaftlich weit verbreiteten Antisemitismus nicht ausschloss. Ihr aufgeweckter oder sogar aufmüpfiger Charakter, wie er sich in der unkonventionellen Bildungsgeschichte ausdrückte, war sicherlich nicht nur der Reflex einer Verhaltensmaxime der Mutter: „Man darf sich nicht ducken! Man muss sich wehren!“[3], sondern auch Resultat eines linken, sozialdemokratischen Milieus. Prägender für die junge Hannah Arendt dürften jedoch die bildungsbürgerlichen Ambitionen gewesen sein, wie sie sich z.B. in ihrer exzentrischen Studienkombination und besonders in der schwärmerischen Identifikation mit dem jungen Martin Heidegger manifestierten, auch wenn sie Marburg bald wieder verließ und schließlich bei Karl Jaspers in Heidelberg promovierte.[4]

Diese „heile Welt“ erhielt jedoch rasch grausame Risse: persönlich durch die unglücklich verlaufende Liebesaffäre mit dem „heimlichen König des Denkens“, und sozial im Gefolge der Weimarer Staatskrise. Wie das nach der Doktorarbeit aufgegriffene Buchprojekt über Rahel Varnhagen eher für die Aussichtslosigkeit einer akademischen Karriere stand, so kann man ihren brieflichen Disput mit Karl Jaspers, der die „Größe“ Max Webers auf sein „deutsches Wesen“ zurückgeführt hatte, als einen ersten politischen Orientierungsversuch auffassen.[5] Und so war es kein Zufall, dass sie schon vor 1933 Kontakte mit zionistischen Kreisen aufnahm, die sie konsequenterweise in Konflikt mit dem frisch etablierten Hitler-Regime brachten. Hannah Arendt wurde im Juli 1933 verhaftet, kam aber nach einer Woche wieder frei und flüchtete mit der Mutter über die „grüne Grenze“ nach Prag, von dort weiter über Genf nach Paris.

Dass dieser Fluchtweg in die französische Hauptstadt führte, hing mit persönlichen Entscheidungen ebenso zusammen wie mit kulturellen Sympathien, die weniger für die politisch als für die „geistig“ Ambitionierten unter den Verfolgten der ersten Stunde typisch waren: Hatte schon Hannah Arendts Mutter in Paris ein paar Bildungsjahre verbracht, so erschien der assimilierten jüdischen Intelligenz die Metropole an der Seine als der Zufluchtsort, wo man einer ungewissen Zukunft noch die besten Seiten abzugewinnen hoffte. Die Mischung aus privaten Freundeszirkeln und intellektueller Halböffentlichkeit kennzeichnete wohl auch das Milieu, in dem Hannah Arendt sich in Paris bewegte, während politische Ideen und vor allem politische Befürchtungen zwar allpräsent, aber verbindlich nur so weit waren, als es die restriktiven Verhältnisse in einem Land erlaubten, das den Flüchtlingen – zumindest anfangs und solange ihre Zahl überschaubar war – noch gut gesonnen war. „Politisch" war dieses Emigrantenmilieu vor allem in einem negativen Sinn: durch die Fixierung auf den einen und gemeinsamen „Feind", d.h. auf Hitler und seine Bewegung und durch das Gefühl sich steigernder Ohnmacht, das hinter aller Exilpolitik lauerte, weil ihre Aktionen nur Deklarationen waren.

Der Freundeskreis, in dem sich Hannah Arendt im Paris der 1930er Jahre bewegte, ist bekannt. Er bestand im Kern aus geflüchteten jüdischen Intellektuellen, wobei sich den älteren Bekanntschaften aus Berlin neue hinzugesellt hatten. In den spärlichen Briefen immer wieder genannt werden für die ersten Jahre neben engeren Verwandten und ihrem Ehemann Günther Stern alias Günther Anders: der Rechtsanwalt Erich Cohn-Bendit, der Psychoanalytiker Fritz Fraenkel, der Schriftsteller

Chanan Klenbort und Walter Benjamin. Signifikant für diesen engeren Kreis dürfte auch gewesen sein, dass er großenteils aus jüngeren Leuten ohne Zutritt zur Schriftstellerprominenz und zur „großen“ Exilpolitik bestand, wie sie durch Heinrich Mann, Lion Feuchtwanger, Bertolt Brecht oder Leopold Schwarzschild, d.h. durch einen repräsentativen Teil der linksbürgerlichen bzw. kommunistischen Intellektuellen der Weimarer Republik inszeniert wurde.[6]

Falsch wäre allerdings, daraus den Umkehrschluss zu ziehen, dass Hannah Arendt sich in einem politisch-intellektuellen Niemandsland bewegte. Das Gegenteil ist anzunehmen und kann exemplarisch an zwei Männern demonstriert werden, die in der zweiten Hälfte der Pariser Jahre für sie in den Vordergrund traten: an Heinrich Blücher einerseits, später vor allem dadurch bekannt, dass er ihr zweiter Ehemann wurde, und an Walter Benjamin andererseits, posthum vielleicht die berühmteste Ikone des Pariser Exils überhaupt. Dass sich diese beiden Männer, der kommunistische Autodidakt und der führende Essayist der Zwischenkriegszeit miteinander befreunden konnten, war sicherlich nicht nur dem Kommunikationstalent einer flotten und blitzgescheiten jungen Frau geschuldet, sondern sagt etwas über die Lebensbedingungen in Frankreich, die in gewisser Weise für das Exil zu verallgemeinern sind.

Weil der politische Raum mehr aus einem schwer greifbaren Fluidum als aus konkreten Organisations- und Handlungsmöglichkeiten bestand, gingen Privatheit und Öffentlichkeit unvermittelt ineinander über, waren isolierte, aber leidenschaftliche politische Überzeugungen ebenso wichtig wie die „offiziellen" Verlautbarungen und Demonstrationen, wie sie z.B. Mitte der 30er Jahre in den spektakulären Kulturkongressen inszeniert wurden. So lautstark und europaweit hörbar der literarische Feldzug gegen Hitler auch war und so einig sich in der Epoche der Volksfront die kommunistischen Protagonisten und die linksbürgerlichen Intellektuellen auch zu fühlen schienen – tatsächlich hatten sie vor allem eines gemeinsam: Die Politik der Emigranten war und blieb reine Ideenpolitik. Dieser Makel lag wie ein Fluch über allen drei Fraktionen, die sich im Zirkel um Hannah Arendt überlagern mochten: dem politischen, dem literarischen und dem jüdischen Exil.[7]

Man kann den Briefwechsel zwischen Hannah Arendt und Heinrich Blücher als Beleg dafür nehmen, um diesen Vermutungen Substanz zu verleihen. Er setzt zwar erst im Sommer 1936 ein, hat aber den zusätzlichen Vorteil, am ganz Privaten, dem Beginn einer stürmischen Liebesbeziehung zu studieren, wie weit politische Aspirationen trotz oder vielleicht gerade wegen ihrer Vergeblichkeit ins Denken und Handeln der Pariser Emigrantenszene hineinreichten. Während der Ältere von beiden auf eine kommunistische Vergangenheit zurückblicken konnte – Blücher hatte zum Kreis um Heinrich Brandler gehört, war mit diesem von der KPD ausgeschlossen worden und mauserte sich angesichts der Moskauer Prozesse gerade zum „Exkommunisten“ –, versuchte sich Hannah Arendt in der „jüdischen Politik“ zu orientieren. So mischt sich das romantische Spiel der neuen Leidenschaft mit dem Ernst der politischen Standortsuche, und, ob kokett gemeint oder nicht, der ehemalige „Berufsrevolutionär“ wird von ihr als Lehrer in Sachen Politik erkoren: „Stups der Kluge, Stups der Weise – quant à moi, je n'en comprends rien du tout, de la politique actuelle“[8].

Nicht weniger rührend liest es sich, wenn Heinrich Blücher die von Hannah Arendt gespielte Unterwerfungsgeste mit liebevoller Ironie erwidert, seinem „jüdischen Mädchen“ ein strenge politische Lektion erteilt und sich dabei in das theatralische Gewand eines „Wunder-Rabbis“ kleidet, der die „richtige Politik“ für die Juden kennt: Nicht im Ausweichen nach Palästina liege die Antwort auf den ansteigenden Antisemitismus, vielmehr müssten sich die Juden auf internationaler Ebene mit der Arbeiterklasse zum „nationalrevolutionären“ Befreiungskampf zusammenschließen: „Der Beruf aber ist, der den Juden seit ihren heroischen Zeiten immer gefehlt hat, der des Soldaten. Jetzt aber wird er ihr notwendiger Beruf, ihre Berufung zum Kämpfer. Wenn den jüdischen Kämpfern in solchem Kampfe, wo sie für uns in die Bresche springen werden, erst ein paar Mal begeistert von Arbeitern, Bauern und Kulis zugerufen worden ist: ‚Die Juden an die Front‘!, dann sind die Juden ein Volk geworden.“[9]

Dass dieser Schlagabtausch nicht nur witzig gemeint war, kann man auch aus den Orten ersehen, zwischen denen er geführt wird: Hannah Arendt war im Auftrag einer zionistischen Auswandererorganisation, deren französische Sektion sie seit 1935 leitete, zur Gründung des jüdischen Weltkongresses nach Genf gereist. Insgesamt ist davon auszugehen, dass Hannah Arendts politische Neigungen in Paris eher praktischer als theoretischer Natur waren. Sie gingen konform mit einer der schwierigsten Aufgaben, mit denen Flüchtlinge zu allen Zeiten konfrontiert sind und bei deren Lösung Hannah Arendt offenbar geschickter war als viele andere: mit der Beschaffung des Lebensunterhaltes. Es waren jedoch ausschließlich jüdische Organisationen, bei denen Hannah Arendt in den 1930er Jahren eine mehr oder weniger zuverlässige Anstellung erhielt: zunächst als Sekretärin bei „Agriculture et Artisan", die Palästina-Auswanderern eine Berufsvorbereitung anbot, dann arbeitete sie bei der Jugendhilfsgruppe „Aliyah", mit der sie 1935 auch eine Reise nach Palästina unternahm, später koordinierte sie im Auftrag einer Baronesse von Rothschild die Verteilung von Spendengeldern an jüdische Wohlfahrtseinrichtungen.

Die Beziehung zu Walter Benjamin ermöglicht es, noch einen anderen Aspekt an Hannah Arendts Verhältnis zu Frankreich hervorzuheben: Zunächst dürfte sich der Kontakt darüber hergestellt haben, dass Benjamin ein entfernter Verwandter von Günther Stern und also schon aus Berlin bekannt war. Daraus entwickelte sich in Paris eine Freundschaft besonderer Art: Zum regen intellektuellen Austausch gesellten sich persönliche Fürsorge und private Unterstützung, je länger sich das Exil hinzog. Benjamin war bekanntlich nicht im landläufigen Sinne „lebenstüchtig“, wie besonders sein Zögern belegt, Europa endlich den Rücken zu kehren. In dieser Situation boten sich Arendt und Blücher als besorgte Helfer in den notorischen Emigrantennöten an, nicht zuletzt weil sie zeitweilig in Benjamins unmittelbarer Nachbarschaft im 15. Arrondissement wohnten. Seine Wohnung in der rue Dombasle 10 dürfte der Ort gewesen sein, an dem sie in kleinerem Kreis ihre philosophischen und politischen Dispute geführt haben, wenn sie sich nicht in einem der Boulevard-Cafes trafen, die damals schon der locus classicus des Intellektuellenlebens waren.[10]

Damit ist der vielleicht interessanteste Punkt angedeutet, wenn es um Hannah Arendts Frankreich-Erfahrung geht: Benjamins Beziehung zu Paris war bekanntlich bereits in den 1920er Jahren intim und existentiell gewesen, mit dem Übergang ins Exil verstetigte sich diese Konstellation nicht nur, vielmehr wurden Paris und seine städtische Kultur gleichzeitig zum Medium und zum Gegenstand seines Schaffens.[11] Das Ergebnis dieser intimen Engführung von Leben und Werk hat sich in seinem „Passagenwerk“ niedergeschlagen, das nicht zufällig so fragmentarisch geblieben ist wie Benjamins tragische Lebenskurve in Frankreich insgesamt. Das wiederum dürfte nicht ohne Einfluss auf Hannah Arendts Weltsicht geblieben sein, zumal wenn man bedenkt, dass sie es war, die dem besten Freund Benjamins als erste die schockierende Nachricht von seinem Selbstmord überbrachte: „Walter Benjamin hat sich das Leben genommen, am 26.9., an der spanischen Grenze, in Port B.“, schreibt sie am 21. Oktober 1940 an Gershom Scholem nach Jerusalem. „Er hatte ein amerikanisches Visum, aber seit dem 23. lassen die Spanier nur Inhaber ‚nationaler‘ Pässe durch... Juden sterben in Europa und man verscharrt sie wie Hunde.“[12]

Bedenkt man diese persönliche Nähe und ihre schicksalhafte Verdichtung in den dramatischen Monaten nach Kriegsbeginn, so liegt der Gedanke nahe, dass Benjamins Selbstmord an der spanischen Grenze für Hannah Arendt zur hautnahen Demonstration all dessen wurde, was die Kapitulation Frankreichs vor Hitler-Deutschland für die jüdischen Flüchtlinge bedeutete. Hinzu kam die feinfühlige Ahnung von der theoriegeschichtlichen Reichweite der berühmten „Geschichtsphilosophischen Thesen“, deren Manuskript Benjamin Arendt in Marseille übergeben hatte. Arendt und Blücher lasen sie sich gegenseitig vor, als sie im Frühjahr 1941 auf das Schiff warteten, das sie in letzter Minute von Lissabon nach New York brachte. Das alles dürfte ihre Phantasie an die letzten Monate in Frankreich gefesselt und sie, gleichsam in Auflehnung dagegen, zu den kühnen Abstraktionen ermuntert haben, die sich im Frankreich-Bild ihrer späteren politiktheoretischen Bücher zeigen.[13]

Hat also Frankreich, als Land und als Kultur, nur indirekt Einfluss auf die Erfahrungswelt einer Frau genommen hat, deren Weltoffenheit später beinahe sprichwörtlich geworden ist? Auffällig sind z.B. die wenigen Kontakte zu französischen Kreisen: Nur Raymond Aron erwähnt Hannah Arendt kurz in seinen Memoiren, er hat ihr wohl Zugang zu den Hegel-Seminaren von Alexandre Kojève verschafft, die aber ihrerseits keinerlei Resonanz in den Texten aus den 1930er und 1940er Jahren finden.[14] Dieser Eindruck verstärkt sich noch, wenn man sieht, wie wenig sie in Paris fortsetzte, was am Ende der Weimarer Republik immerhin begonnen hatte: die publizistische Tätigkeit. Tatsächlich hat Hannah Arendt in den acht Pariser Jahren außer drei kleinen Gelegenheitsartikeln nichts auf Französisch publiziert.[15] Und wenn man sich in den teilweise umfänglichen Manuskripten umsieht, die aus der Pariser Zeit aufgetaucht sind, so findet sich zwar bestätigt, was nicht anders zu erwarten war, nämlich dass Hannah Arendt sehr wohl und verstärkt wieder gegen Ende der 1930er Jahre „weitergeschrieben“ hat, doch noch mehr fällt auf, dass Frankreich in ihnen eine Leerstelle markiert.

So ist der in den „Jewish Writings“ abgedruckte, aber ursprünglich auf Deutsch geschriebene Text über „The Jewish Question“[16] von 1937/8 zwar eine packende Alarmschrift. Sie beklagt das Desinteresse der Weltöffentlichkeit gegenüber dem Antisemitismus und geißelt die Rückzugsmentalität gerade der deutschen Juden. Aber das Land, in dem die Autorin sich aufhält, wird gar nicht erwähnt, während die Explosion des deutschen Antisemitismus zwischen Polen und Spanien als den traditionell judenfeindlichen Ländern verortet wird. Ähnlich liegen die Dinge in dem großen Manuskript zum Antisemitismus, das auf das Jahre 1938/9 datiert wird. Es ist, offenbar in Weiterentwicklung des Varnhagen-Projektes aus den frühen 1930er Jahren, ausschließlich auf die deutsche Entwicklung im 18. und 19. Jahrhundert konzentriert und lässt nichts von dem erkennen, was die späteren Interventionen Hannah Arendts so innervierend, aber auch so treffsicher erscheinen ließen, nämlich die hermeneutische Reflexion auf den Standort, von dem aus sie geschrieben sind. Auch hier bleibt Frankreich außerhalb der Betrachtung.[17]

Zwar sind die meisten Motive schon da, die später im Totalitarismus-Buch ausgearbeitet werden – z.B. die Schlüsselstellung des Antisemitismus für die Sozialgeschichte nach beiden Seiten: Für die jüdische Minderheit bleibt die Emanzipation scheinhaft, weil die Assimilation scheitert, und in der Mehrheitsgesellschaft steigert sich der christliche Antijudaismus zum politischen Antisemitismus. Aber das „jüdische Problem", sofern es den Schlüssel zur Aufklärungsepoche darstellt, geht vom „deutschen Fall" aus und bewertet die aktuelle Durchsetzung des Nationalsozialismus nur als paradoxe Übersteigerung eines allgemeinen Trends. Erst ganz am Ende der langen Ausführungen – bei der Schilderung des Rothschild-Clans als Exponenten einer scharf „reaktionären" Wendung des assimilierten Judentums – kommt Frankreich doch noch in Sicht; schließlich war dort das Aktionszentrum dieses europäischen

Clans, und die nach Paris emigrierten Vormärzler – Heine und Börne sowie das Frankreich idealisierende Junge Deutschland– erscheinen als deren kritische Gegenspieler.[18]

Eine Sonderstellung kommt in diesem Zusammenhang dem Biographieprojekt über Rahel Varnhagen zu: Hannah Arendt hatte dieses Manuskript über die „Lebensgeschichte einer deutschen Jüdin aus der Romantik“, wie das spätere Buch hieß[19], bis auf die letzten beiden Kapitel fertiggestellt, bevor sie Berlin verlassen musste. In Paris blieb es zunächst liegen und wurde erst 1938 wieder aufgenommen, als sie von Walter Benjamin und, vermittelt über ihn, von Gershom Scholem dazu gedrängt wurde.[20] Diese doppelte Intervention reflektierte auf die mitgebrachte Anlage der Rahel-Biographie und verpasste ihr einen Vorschlag zur Transformation: Hannah Arendt hatte den Weg, der von der aufklärerischen Vernunft zum romantischen Interesse an Herkunft und Geschichte führt, negativ nachgezeichnet und am Schicksal der Rahel Levin gezeigt, dass die Toleranzpraxis der frühromantischen Salons sich nicht verstetigen lässt, dass der Aufstieg in die Adelswelt nicht und die Assimilation an die bürgerliche Welt nur mittels der Taufe, d.h. der Verleugnung der jüdischen Herkunft gelingt.

Die 1938 hinzugefügten Schlusskapitel aber lehnen sich dagegen auf und unternehmen eine Distanzierung, die als Reflex der Flucht aus Deutschland und als Folge exiltypischer Politisierung anzusehen ist. In der Vordergrund tritt jetzt das Begriffspaar Paria-Parvenü, das der Lebensgeschichte der Rahel Varnhagen, wie sie nach Heirat und Taufe heißt, eine kritische Wendung gibt: „In einer im großen Ganzen judenfeindlichen Gesellschaft – und das waren bis in unser Jahrhundert hinein alle Länder, in denen Juden lebten – kann man sich nur assimilieren, wenn man sich an den Antisemitismus assimiliert.“[21] Daraus folgt der Schluss, der einem politischen Bekenntnis gleichkommt: „Rahel ist Jüdin und Paria geblieben. Nur weil sie an beidem festgehalten hat, hat sie einen Platz gefunden in der Geschichte der europäischen Menschheit... Heines Ja zum Judesein, das erste und letzte entschiedene, das auf lange Zeit von einem assimilierten Juden gehört wurde, stammt aus dem gleichen Grunde, der gleichen Wahrhaftigkeit wie Rahels Nein.“[22]

Signifikant ist hier, dass mit diesem Interpretament eine neue Perspektive, ja eine politische Verschärfung hereinkommt, dass aber sein Erfinder, nämlich der Franzose Bernard Lazare gar nicht eigens genannt wird. Hannah Arendt, möchte man für die Jahre 1938/9 schlussfolgern, spricht und liest also nicht nur längst Französisch, sondern sie fängt an, französisch zu denken, während ihr Gegenstand und sein Kontext, wie sie im Rahel-Manuskript und im großen Antisemitismus-Text greifbar sind, noch deutsch bleiben. Festzuhalten ist also das Paradox, dass die in Frankreich geschriebenen, aber unpubliziert gebliebenen Texte keinen Bezug auf das Gastland nehmen. Das könnte zu der These verleiten, dass Frankreich eben nur Transitland war, das zurückgelassen wurde, sobald die Fortsetzung der Flucht es notwendig machte. Aber solch ein Urteil ist verfrüht und vor allem oberflächlich, weil es nicht in Rechnung stellt, wie die militärische Niederlage Frankreichs sich auf das Drama der Flucht ausgewirkt hat.

Wie ein letztes Aufbäumen liest sich da ein Brief, den Hannah Arendt im Januar 1940 an den Rechtsanwalt Erich Cohn-Bendit geschrieben hat und der eine politische Deutlichkeit und analytische Schärfe zeigt, wie sie aus den Pariser Jahren sonst unbekannt ist: Er handelt von der Frage der jüdischen Minderheit, geißelt sowohl die Vertreter des Zionismus wie die osteuropäischen Juden – die ersteren, weil sie die jüdische Diaspora zu wenig im Blick haben, die anderen, weil sie insgesamt in Apathie verharren – und legt sich dann auf eine erstaunliche Perspektive fest, was die jüdische Aussicht jenseits von Auswanderung und Assimilation betrifft: „Unsere einzige Chance – aber auch die einzige Chance aller kleinen Völker – liegt in einem neuen föderalen System Europas... Also europäische Politik bei gleichzeitiger Aufrechterhaltung aller Nationalitäten... In solch einem Verband könnten wir als europäische Nation anerkannt werden mit Repräsentanz in einem europäischen Parlament.“[23]

Was freilich für den Jahresbeginn 1940 so illusionär wie positiv daherkommt, verstärkt nur noch einmal den negativen Befund, dass die mit Frankreich verbundenen Hoffnungen endgültig perdu sind.

Wenige Monate später überschlagen sich die Ereignisse: Die französischen Behörden hatten eine immer restriktivere Linie gegenüber den Flüchtlingen und Ausländern im Lande verfolgt, lange bevor der deutsche Invasionsdruck konkret wurde: Schon im September 1939 waren die männlichen Ausländer in Sammellager gebracht worden, im Mai 1940 müssen dann auch die weiblichen Ausländer sich bei den Behörden melden[24]. Hannah Arendt wird im großen Frauenlager Gurs nahe den Pyrenäen interniert, aber nach der Kapitulation Frankreichs im Sommer 1940 und der Abtrennung des deutsch besetzten Nordens gelingt ihr im „freien" Süden zusammen mit anderen Frauen die Flucht aus dem Lager. Sie schlägt sich unter abenteuerlichen Bedingungen nach Montauban durch, wo sie, wie durch ein Wunder, Heinrich Blücher wiedertrifft. Günther Stern vermittelt aus den USA, wohin er schon 1937 geflüchtet war, die Notvisa, die dem mittlerweile verheirateten Paar die Ausreise ermöglichen. In einer Pause der zunehmenden Verfolgungsmaßnahmen ergattern sie Anfang 1941 einen Zug, der sie aus Vichy-Frankreich nach Lissabon bringt, und besteigen im April 1941 das rettende Schiff nach New York.

II. Die 1940er Jahre in New York: Frankreich im Windschatten der „jüdischen Politik"

Gegenüber der Flucht aus Deutschland gestaltete sich Hannah Arendts Flucht aus Frankreich, mit der sie Europa als Ganzes hinter sich ließ, als unvergleichlich bedrohlicher, als „lebensgefährlich" im wörtlichen Sinn. Wie knapp sie der Auslieferung an die Deutschen und damit dem sicheren Tod entgangen war, kann man mit dem Blick auf das Schicksal Walter Benjamins ermessen. Er hatte sich im September 1940 exakt deswegen das Leben genommen, weil er von der französischen Grenzpolizei an die Deutschen ausgeliefert zu werden drohte. Noch eindeutiger aber erweist sich der Blick auf das, was im Sommer 1941 in ganz Frankreich anlief: Die Vichy-Regierung komplettierte die Verfolgung der ausländischen Juden durch die systematische Deportation der französischen Juden. Die französischen Behörden erwiesen sich nicht nur als willige Komplizen, sondern als Mitorganisatoren des gesamteuropäischen Projektes, das im NS-Jargon die „Endlösung der Judenfrage" hieß.[25]

Es ist unverkennbar dieser traumatische Hintergrund, der aus den Texten spricht, die wir von Hannah Arendt aus den ersten Jahren in den USA besitzen. Zwar gibt es in ihnen es noch kein zuverlässiges Wissen, sondern nur die dunkle Ahnung von dem Ungeheuerlichen, das sich im europäischen Osten unter dem Deckmantel des Kriegsgeschehens ereignet. In den Vordergrund drängen sich aber die eigenen Erfahrungen, die sie mitgebracht hat und vor denen sie sich auch im sicheren Gastland nicht retten kann. In erster Linie ist dies natürlich die Vertreibung als solche, eine Erfahrung, die sich durch ihre Wiederholung nicht etwa abgeschwächt, sondern in einem Maße dramatisiert hat, dass die gesamte Wahrnehmung davon gleichsam überschwemmt wird. Die erschütternde Doppeldeutigkeit dieser Lage zeigt sich hautnah in den Texten, mit denen Hannah Arendt ihr Debüt als amerikanische Publizistin macht.

Einer von ihnen ist „We Refugees" überschrieben und kann als gezielte Konfrontation mit dem Flüchtlingsproblem gelesen werden. Wie es nicht anders sein kann, spielt Frankreich in dieser Reinszenierung eine ebenso zentrale wie irritierende Rolle: „Wir wurden aus Deutschland vertrieben, weil wir Juden sind. Doch kaum hatten wir die Grenze zu Frankreich passiert, da wurden wir zu ‚boches' gemacht... Sieben Jahre spielten wir die lächerliche Rolle von Leuten, die versuchten, Franzosen zu sein, oder zumindest künftige Staatsbürger... Nach dem Einmarsch der Deutschen musste die französische Regierung nur den Namen der Firma ändern; man hatte uns eingesperrt, weil wir Deutsche waren, jetzt ließ man uns nicht frei, weil wir Juden waren."[26] Hannah Arendts Schilderungen stecken voller Sarkasmen, aber dahinter lauert das Trauma der „Davongekommenen", das sich z.B. in aberwitzigen Reflexionen über die aktuelle Angleichung der jüdischen an die „normale“ Selbstmordrate äußert. Aus der scharfen Abgrenzung gegen jede Form der Assimilation, wie sie sich im jüdischen Parvenü verkörpert, wird eine ebenso pointierte Schlussfolgerung gezogen, die den bewussten Paria zum einzigen, zum politischen Hoffnungsträger erklärt. Dessen neueste und vor allem massenhafte Erscheinungsform sind die Flüchtlinge: „Die von einem Land ins andere vertriebenen Flüchtlinge repräsentieren die Avantgarde ihrer Völker – wenn sie ihre Identität aufrechterhalten.“[27]

Die 1940er Jahre stehen in der Werkgeschichte von Hannah Arendt für ein produktives Zwischenstadium: auf der einen Seite der schmerzbesetzte Abschied von Europa, auf der andern Seite die Hoffnung auf eine amerikanische Zukunft. Interessant ist, wie sich diese gegenläufigen Aspekte in einer Gegenwart überlagern, die gleichermaßen rückwärts und vorwärts orientiert ist, die das Trauma durch politisches Handeln überwinden möchte. Es ist dieses seltsame Zwischenreich, in dem die Erinnerungen an Frankreich kurz und intensiv aufblitzen, um dann erst einmal wieder in der Versenkung – nicht so sehr zu verschwinden als vielmehr in einen intensiven Reflexionsprozess einbezogen zu werden, an dessen Ende sie umso markanter wieder hervortreten werden: im Totalitarismus-Buch von 1951. Wirklich kompliziert aber wird diese Konstellation durch einen dritten Themenstrang, der sich unwiderstehlich in den Vordergrund schiebt und der den Frankreich-Komplex gleichsam unter sich begräbt – gemeint sind die „Jewish Writings“, die hier nur zu erwähnen sind.

Tatsächlich ist die erste größere Publikation, mit der Hannah Arendt in den USA hervortritt, eine Abhandlung über Frankreich. Sie unterscheidet sich sowohl vom Format als auch von der historischen Aufmachung her deutlich von den kurzen Artikeln im „Aufbau“ und wendet sich nicht primär an die Emigranten-Gemeinde, sondern an ein breiteres und ein akademisches Publikum.[28] Für unseren Kontext ist er ein Schlüsseltext, weil er mit großer Präzision auf die französische Zeitgeschichte konzentriert ist und damit dieses Land zum Schauplatz des europäischen Antisemitismus macht, der in gewisser Weise signifikanter scheint als Deutschland, das in den 1930er Jahren im Fokus ihrer Studien stand. Warum dies so ist und welchen Nebeneffekt es für die zukünftige Auffassung des Antisemitismus hat, wird noch genauer zu fragen sein. Sicher ist aber, dass das Hervortreten Frankreichs im Konzert der europäischen Nationalgeschichten bedeutet, dass die Brisanz der deutschen Entwicklung zunächst einmal zurücktritt. Und dies wiederum hängt mit der Prominenz der Dreyfus-Affäre zusammen, die den Duktus des Totalitarismus-Buches offenbar und direkt vorwegnimmt.

Auffällig an dieser zeitgeschichtlichen Erzählung ist zunächst die hohe Präsenz von Clemenceau als Kritiker und öffentlicher Sprecher, der die stärksten Argumente für die Partei von Dreyfus und seiner Anhänger auffährt: „Its hero is not

Dreyfus but Clemenceau"[29]. Dies kann er, weil er, und zwar deutlicher als Zola, auf die allgemeinen Ideale von Recht und Gerechtigkeit setzte: „There was only one basis on which Dreyfus could or should have been saved...the stern Jacobin concept of the nation based upon human rights – that republican view of communal life which asserts that by infringing on the rights of one you infringe on the rights of all".[30] Diese Linie wird so stark gemacht, dass sie das eigentliche – natürlich negative – Kontinuum bis zur Niederlage der Dritten Republik darstellt: „What made France fall was the fact that she had no more true Dreyfusards, no one who believed that democracy and freedom, equality and justice could any longer be defended or realized under the republic."[31]

Die dazwischen liegenden Ausführungen zeigen nicht nur die dramatis personae dieses politischen Schauspiels detailliert und präzise auf, sondern inszenieren auch die Bühne und den größeren gesellschaftlichen wie politischen Kontext, in dem das Stück spielt: Als Vorgeschichte gehört dazu der Panama-Skandal, aus dem die Juden, die an sich nur die Vermittler in den „mysterious and scandalous relations between business and politics"[32] spielten, als die „eigentlich Schuldigen" hervorgehen; dazu gehören die Armee, die sich als „Staat im Staate" und d.h. als Festung gegen die Republik etabliert hatte, und der katholische Klerus, zu dessen antisemitischen Sprechern sich besonders die Jesuiten machten; und schließlich erscheint als der entscheidende Faktor, der aus einer sozialen und religiösen Vorurteilskonstellation eine politische Bewegung, d.h. den modernen Antisemitismus hervorgehen ließ, der „Mob“, wie Hannah Arendt es nennt, aus deklassierten Kleinbürgern und sozialen Verlierern.

Diese große Koalition der Dreyfus-Gegner formiert sich in dem Augenblick zur antidemokratischen Bewegung, in dem die von Clemenceau hochgehaltenen Standards als solche zur Disposition gestellt sind – und erst hier wird die weitreichende Bedeutung Clemenceaus – und des in seiner Zeitung „L'aurore“ publizierten „J'accuse“ von Zola – ganz sichtbar: „The genius of Clemenceau's approach lies in the fact that it was not directed against a particular miscarriage of justice, but was based upon broad, abstract ideals of rightness, civic virtue and freedom of oppression“, d.h. „old-time Jacobin patriotism“[33]. Im Gegenzug formiert sich die Front der Rechtsintellektuellen – Guérin, Barrès, Maurras, Daudet –, gegründet werden die „Ligue Antisemite“ sowie die „Action Française“, die sich als Führer des Mob geriert und deren Motto ist: „Water the tree of Freedom with the blood of the Jews.“[34]

Die Bedeutung dieser Bewegung liegt in der programmatischen Transformation des Volksbegriffs, der sich von den abstrakten Idealen der revolutionären Tradition emanzipiert und zu einer nihilistischen, irrationalen Idee von Nation verkommt. Signifikant für Hannah Arendt ist hier die Platzierung der politischen Linken, d.h. der Sozialisten um Jaurès: Sie standen nämlich keineswegs von vorne herein auf der Seite der Dreyfusards, die sie im Gegenteil auf der „anderen“ Seite im Klassenkampf vermuteten, sondern wurden erst durch die flammenden Aufrufe Zolas und Clemenceaus dazu gebracht, sich hinter die Republik zu stellen. Jetzt wird auch der große „Mut“ Zolas und der anderen Dreyfusards gewürdigt, die sich gegen den Mob zu stellen wagten. So vereinzelt und zersplittert, isoliert auch vom Parlament dieser Protest der Intellektuellen war und blieb – er steht für die politische Avantgarde, während das assimilierte Judentum einschließlich der Dreyfus-Familie selber unpolitisch bleibt und deswegen harsch kritisiert wird.

Das Ende des Aufsatzes ist hoch signifikant für die Entfaltung des politischen Denkens von Hannah Arendt, es macht Anfang der 1940er den Punkt sichtbar, auf den ihr politischer Lernprozess zusteuert. Gleichzeitig ist dieser Punkt auf interessante Weise zwiespältig, sowohl bezüglich des Terrains, auf das sich Hannah Arendt begibt, als auch bezüglich der Richtung, die ihr Denken einschlagen wird:

Auf der einen Seite kommt – einigermaßen plötzlich – ein marxistischer Zungenschlag zum Vorschein, indem nämlich Clemenceaus republikanisches Bekenntnis in Richtung auf einen (wünschenswerten, aber verfrühten) sozialen und politischen Kampf der Juden gegen ihre Unterdrücker verlängert wird: „Clemenceau‘s struggle for justice as the foundation of the state certainly embraced the restauration of equal rights for the

Jews. In an age, however, of class struggle on the one hand and rampant jingoism on the other, it would have remained without political actuality had it not been conceived, at the same time, in terms of the oppressed fighting their oppressors. Clemenceau was one of the few true friends modern Jewry has known just because he recognized and proclaimed before the world that Jews were one of the oppressed peoples of Europe.“[35]

Von hier, von der französischen Nationalgeschichte her, gibt es einen Sprung nach der andern Seite, in die jüdische Politik, die ja auf dem Höhepunkt des Zweiten Weltkriegs gerade deutlichere Gestalt annimmt als jemals vorher: zum politischen Zionismus und zum Palästina-Problem. Ja, es zeichnet sich so etwas ab wie das Überspringen eines Funkens, und in dem Sinne könnte, was in der französischen Entwicklung desaströs endete, doch noch ein positives Resultat zeitigen: „In point of fact: the Dreyfus affair was of marked positive significance: it candled the flame of political Zionism“[36]. Um dieser Hoffnung Kontur zu verleihen, rekurriert Arendt auf den Begründer des politischen Zionismus Theodor Herzl einerseits, auf den französischen Publizisten Bernard Lazare andererseits – und jetzt explizit! Deren Gemeinsamkeit lag für sie darin, dass sie aus dem Antisemitismus eine positive und vor allem eine politische Konsequenz gezogen haben, nämlich die Forderung, die Juden sollten sich zur „politischen Nation“ formieren: „For them their Jewish origin had a political and national significance.

They could find no place for themselves in Jewry unless the Jewish people was a nation“[37].

Noch signifikanter aber ist der Bruch zwischen Herzl und Lazare, und zwar deswegen, weil sich an ihm die Alternative festmachen lässt, die für Hannah Arendts Stellung zum Zionismus schließlich das ausschlaggebende Kriterium werden wird: Während Herzl die Errichtung einer jüdischen Heimstätte durch den Auszug aus Europa und mittels diplomatischer Verhandlungen, also defensiv und gleichsam von oben herab erreichen wollte, propagierte Lazare, „the Jews should be emancipated as a people and in the form of a nation“[38]. Hannah Arendt versteht dies offensichtlich als offensive Formierung einer jüdischen Nation in der Tradition der französischen Revolution. Was hier greifbar wird, ist die Überlagerung der Frankreich-Erfahrung oder besser ihres so desaströsen Ausgangs durch die Orientierung an der „jüdischen Frage“. Indem sie positiv aufgeladen oder gar ihre revolutionäre Lösung imaginiert wird, zeigt sich nicht nur ein alternativer Ausweg aus dem europäischen Hexenkessel, sondern eine positive Perspektive, die freilich den historischen Realitätstest noch zu bestehen hatte.

Hannah Arendts „Jewish Writings“, d.h. ihre zahlreichen Kommentare und Analysen zur zionistischen Politik und speziell zum Palästina-Problem[39] stehen nicht im Fokus dieses Aufsatzes. Sie müssen aber wenigstens erwähnt werden, einmal weil sie den primären Frankreich-Komplex in den Hintergrund drängen, zum andern aber weil in ihnen Hannah Arendt als Politiktheoretikerin ihr erstes scharfes Profil gewinnt. Die Serie beginnt noch im Jahr 1941 mit zahlreichen Artikeln, die in der Emigrantenzeitung „Der Aufbau“ auf Deutsch publiziert werden[40] und in deren Zentrum die Forderung steht, aktiv in den Kampf gegen Hitler einzutreten, und zwar nicht nur durch die Unterstützung der Alliierten allgemein, sondern durch die Aufstellung einer eigenen „jüdischen Armee“. Diese militärische Selbstkonstitution des jüdischen Volkes als „politische Nation“ entsprach sicherlich nicht der Rhetorik der Mainstream-Vertreter des politischen Zionismus, doch waren die Parallelen einfach durch die Eskalation des Kriegsgeschehens selber gegeben.

Eine folgenreiche Differenz tat sich jedoch auf, als mit dem Ende des Krieges die zionistische Forderung, den Juden eine „Heimstatt“ zu schaffen, immer mehr in die Form eines „normalen“ Nationalstaates gegossen wurde, der zuerst durch Verhandlungen mit den Siegermächten des Zweiten Weltkrieges, besonders natürlich mit England, und dann mit Hilfe der neu geschaffenen Vereinten Nationen auf dem Boden Palästinas errichtet werden sollte. Es kann hier nicht im einzelnen dargestellt werden, wie sich Hannah Arendt nach 1945 zu den komplexen Sachfragen der jüdischen Politik, zu den Territorialverhandlungen und ihren wechselnden Koalitionen im Einzelnen äußerte[41] – wichtig und wegen ihrer Konsequenz bemerkenswert ist, wie früh sie erkannte, dass die Errichtung eines jüdischen Nationalstaates in Palästina deswegen keine Lösung sein konnte, weil sie die einheimische arabische Bevölkerung gleichsam als Quantité négligeable behandelte: „at this moment and under present circumstances a Jewish State can only be erected at the price of the Jewish homeland“[42].

Hannah Arendt favorisierte stattdessen – zusammen mit der kleinen Splittergruppe Ihud und einigen prominenten Intellektuellen wie Judah Magnes und Martin Buber – die Errichtung einer jüdisch-arabischen Föderation, sozusagen die kleine Lösung eines großen Problems, die jedoch mit dem Unabhängigkeitskrieg und seinen Ergebnissen geschichtlich ad acta gelegt war. Man mag darüber spekulieren, warum Hannah Arendt, die sonst nicht dazu neigte, sich der „normativen Kraft des Faktischen“ zu beugen, im Falle der jüdischen Politik anders reagierte. Sicher ist, dass sie den tatsächlichen Verlauf der Gründung des Staates Israels als herbe Enttäuschung erlebte und sich seitdem nicht mehr systematisch zur Realpolitik des jüdischen Staates äußerte. Sieht man sich ihre seit Mitte der 40er Jahre enorm expandierende publizistische Tätigkeit an, so treten zwar nicht die jüdischen Themen in den Hintergrund, wohl aber verlagert sich der Fokus noch einmal in dramatischer Weise: von den praktischen und aktuellen Fragen der jüdischen Politik hin zu dem traumatischen Riesenkomplex, den wir heute als „Holocaust“ oder „Shoah“ bezeichnen.

III. Frankreich im Totalitarismus-Buch von 1951

Wenn es so etwas gibt wie die „modernen Klassiker des politischen Denkens“, dann ist Hannah Arendts „The Origins of Totalitarianism“ ihr Archetypus.[43] Welches andere akademische Buch hat zu seinem 50. Geburtstag gleich eine ganze Serie von wissenschaftlichen Konferenzen hervorgebracht[44], welches ist seit seinem ersten Erscheinen im Jahr 1951 so oft wieder aufgelegt und in so viele Sprachen übersetzt worden? Das ist umso erstaunlicher, als die Kritik an dem Buch von Anfang an vehement war und nicht nur auf den Schlüsselbegriff des Totalitarismus zielte. Fragwürdig schien auch die Gesamtkonstruktion des Buches, weil nicht offensichtlich war, wie sich die historischen Kapitel über Antisemitismus und Imperialismus zu dem fulminanten Schlussteil über die zeitgenössischen Diktaturen verhielten, oder, mit dem Titel der deutschen Übersetzung gesagt: wie aus den „Elementen und Ursprüngen“ der neue und singuläre Typus der „totalitären Herrschaft“ hervorging.

Ich werde diese Frage nicht methodologisch diskutieren, für deren Lösung Hannah Arendt später und eher widerwillig den Begriff der „Kristallisation“ anbot[45], vielmehr soll nach dem Ort und dem Stellenwert des Frankreich-Komplexes im Totalitarismus-Buches gefahndet werden. Der detektivische Ausdruck ist angebracht, weil es im vorliegenden Fall tatsächlich so etwas wie ein

Konstruktionsgeheimnis zu lüften gilt, das genauso verwickelt ist wie die Produktionsgeschichte des Buches als ganze[46]. Wie gezeigt, reichten nicht wenige Motivkomplexe bis in die 20er Jahre zurück und gab es aus den 30er Jahren voluminöse unpublizierte Vorläufer-Manuskripte. Vor allem aber waren viele Passagen des Buches seit Mitte der 1940er auszugsweise in amerikanischen Journalen erschienen. Hannah Arendt hatte sich u.a. mit diesen Artikeln sukzessive die New Yorker Zeitschriftenlandschaft erobert und war Anfang der 1950er Jahre als „political freelancer“ etabliert.

Wo und wie taucht Frankreich im Totalitarismus-Buch auf? Die Frage ist keineswegs leicht zu beantworten; denn weder gibt es ein geschlossenes Kapitel zu diesem Thema noch ist auf den ersten Blick zu erkennen, nach welcher Regel es hier und dort in Erscheinung tritt. Vielleicht nähert man sich einer Antwort am ehesten, wenn man das ganze Buch als eine Textur begreift, in der viele Motive zu einer narrativen Struktur verwoben sind, so auch der Frankreich-Komplex.[47] Und vielleicht wird man dieser Gewebestruktur am ehesten gerecht, wenn man aus ihr die sichtbarsten Fäden herauszieht, um zu sehen, von woher sie kommen und wohin sie führen. Nimmt man etwa die beiden historischen Hauptkapitel zusammen, so steht am Beginn der Antisemitismus des ausgehenden 18. Jahrhunderts, d.h. der aus der Weimarer Zeit mitgebrachte Themenkomplex, aber das Ende bildet weniger der Genozid an den Juden als vielmehr die Flüchtlingskatastrophe des Zweiten Weltkriegs, mit der Hannah Arendt beim Zusammenbruch Frankreichs selber konfrontiert war.

Wie aber hängt beides miteinander zusammen, welche Wegstrecke wurde zurückgelegt, um diesen Anfang mit diesem Ende zu verbinden? Wenn man solche Frage historiographisch konkreter fasst, dann zeichnen sich drei große Zyklen ab, in denen der breite Stoff angeordnet wird: I. Vom Antisemitismus des ausgehenden 18. Jahrhunderts über die Etablierung der Nationalstaatsordnung bis zur Dreyfus-Affäre an der Wende zum 20. Jahrhundert; II. Von der imperialistischen Expansion über den Ersten Weltkrieg zur Zerstörung der Nationalstaatsordnung; III. Die Etablierung der totalitären Diktaturen im 20. Jahrhundert und ihre Folgen: Zweiter Weltkrieg, Flüchtlingskatastrophe und der Genozid an den Juden. Es ist klar, dass diese Zyklen in etwa identisch sind mit den drei Hauptkapiteln des Totalitarismus-Buches, ebenso klar ist aber, dass sich die Freizügigkeit – oder soll man sagen: die Zügellosigkeit, mit der Hannah Arendt sich über ihren Stoff hermachte, an die dadurch gezogenen Grenzen nicht hielt.

In der Tat ist die Form, wie Frankreich in diese Textur verwoben wird, eine gute Illustration für diese Behauptung und vor allem ein sprechender Beleg dafür, dass sich Hannah Arendts Erzählung der nationalgeschichtlichen Beschränkung nicht fügen will: Zwar steht am Anfang eindeutig die preußisch-deutsche Geschichte im Vordergrund, und das erste historische Beispiel, an dem die Eindeutigkeit des Antisemitismus wie die „Zweideutigkeit der Emanzipation" demonstriert werden, sind die „Hofjuden" im Deutschland des 18. Jahrhunderts. Aber wenig später schon[48] kommen die Rothschilds ins Spiel, ihr glanzvoller Aufstieg in der Mitte des 19. Jahrhunderts steht für den historischen Übergang vom Hofjuden zum Staatsbankier. Und da deren Aktionsfeld sich bekanntlich rasch auf die wichtigen europäischen Metropolen erstreckte, nicht zuletzt eben auf Paris, wird die Perspektive eine übernationale, wie auch sofort kommentiert wird: „Der Antisemitismus als politische Bewegung war weder ein preußisches noch ein innerdeutsches, sondern von vorne herein ein gesamteuropäisches Ereignis."[49]

Und da der europäische Horizont offensichtlich nicht auf Deutschland und Frankreich beschränkt bleiben kann, tritt für einen Augenblick die Habsburger Monarchie in den Vordergrund.[50] Aufgrund der ständigen, dem Vielvölkerstaat gewissermaßen systemimmanenten Minderheitenkonflikte ist hier das Potential für einen organisierten Antisemitismus am größten: „Der Antisemitismus tritt daher in Österreich von vornherein mit einer ganz anderen Vehemenz auf als in Deutschland".[51] Während aber die tatsächliche Entwicklung in Österreich-Ungarn zunächst noch nah am christlichen Antijudaismus bleibt und ideologisch so konservativ gestimmt war wie der für Preußen typische Adelsantisemitismus zu Anfang des 19. Jahrhunderts – sein bekanntestes Beispiel ist die „Teutsche Tischgesellschaft" in Berlin –, wendet sich die Erzählung jetzt dem „linken Antisemitismus“[52] zu und kehrt damit zwangsläufig wieder nach Frankreich als dem Hauptschauplatz zurück.

Es scheint einigermaßen willkürlich, wie unvermittelt Hannah Arendt an dieser Stelle zur Dreyfus-Affäre springt, doch kann man dahinter eine Absicht vermuten: Die Dreyfus-Geschichte, die bekanntlich an der Schwelle zum 20. Jahrhundert spielt und später noch einmal ausführlicher behandelt wird, dient hier vor allem dazu, die exemplarische Stellung Frankreichs in der modernen Geschichte zu unterstreichen. Diese Bedeutungsverstärkung ist wichtig, sachlich wie methodologisch; denn hier setzt der für das gesamte Buch so wichtige Verallgemeinerungshebel an: „Den Höhepunkt in dieser Entwicklung bildet die Dreyfus-Affäre, die in jeder Hinsicht, in ihren ideologischen wie politischen Implikationen, das entscheidende Ereignis der jüdischen Geschichte im Zeitalter des Nationalstaats bleibt... Wie alles in Frankreich, bleiben auch sie [die neuen französischen Antisemitenparteien] im Rahmen der Nation, die eben von Anfang bis Ende die „nation par excellence“ war.“[53]

Jetzt sind wir auf dem für uns interessanten Plateau: Der Antisemitismus ist Teil der allgemeinen europäischen Geschichte, aber weil Frankreich die „nation par excellence“ ist, ist die exponierte Stellung Frankreichs nur logisch. Dieser Gedanke wird durchgehalten und bildet den roten Faden durch alle Abschweifungen bis in die westeuropäische und die mitteleuropäische Peripherie hinein – in all diesen Nebensträngen der Erzählung vom europäischen Antisemitismus findet sich geradezu mantrahaft die Wiederholung, dass „Frankreich immer das Modell für den Nationalstaat (war), wie die Juden Modell der Minderheit waren“[54]. Blickt man von dieser späten Formulierung zurück auf die ersten 100 Seiten des Antisemitismuskapitels, dann erscheinen sie wie die Exposition eines Themas, das in vielen Variationen durchgespielt wird, dessen Leitmelodie aber eindeutig bei Frankreich liegt.

Das folgende dritte Kapitel setzt dieses Verfahren in der Breite der europäischen Sozialgeschichte fort und schildert die Ambivalenzen der jüdischen Emanzipation in den drei maßgeblichen Nationalgeschichten: Am Anfang steht wieder die preußische Entwicklung. Ihre Stationen sind ein vielversprechender Start bei Lessing, Mendelssohn und Humboldt, die Phase der jüdischen Salons um 1800, in denen die Klassendifferenzen für einen Augenblick aufgehoben, Mischehen und kulturell sublimierte Toleranz möglich werden, bevor dann – und zwar gleichzeitig mit der formalen Einführung der bürgerlichen Gleichstellung (Judenedikt 1812) – eine neue Diskriminierungswelle einsetzt, die jetzt vom Adel ausgeht und vom politisch passiven Bürgertum übernommen wird. Das alles schließt glanzvolle Karrieren von einzelnen, eben von „Ausnahmejuden“ – so der Titel des Unterkapitels – nicht aus.

Die spektakulärste Geschichte eines „Ausnahmejuden“ aber spielt weder in Deutschland noch in Frankreich, sondern in England. Die märchenhafte Karriere von Benjamin Disraeli alias Lord Beaconsfield ist schwindelerregend sowohl im Erklimmen der obersten Gesellschaftsschicht als auch in der denkbar absurdesten Erscheinungsform des jüdischen Assimilationsprozesses: „Disraeli ist ein englischer Imperialist und ein jüdischer Chauvinist“[55] – mit allen Ingredienzien, die sich später zum Rassenantisemitismus zusammenfügen sollten: dem Sendungsbewusstsein einer erwählten Rasse, manifesten Aspirationen auf eine jüdischen Weltherrschaft und deren Verschmelzung mit dem politischen Imperialismus. Trotzdem ist es kein Zufall, dass Hannah Arendt das eindringlichste Exempel für die Zweideutigkeiten der jüdischen Assimilation wiederum an der französischen Gesellschaft vorführt, nicht zuletzt, weil sie hier auf einen epochemachenden Romancier zurückgreifen kann, auf Marcel Prousts untergründige Schilderung des fin de siecle, in dem das bürgerliche Jahrhundert glanzvoll an sein Ende kommt.

Das einschlägige Kapitel beginnt programmatisch: „Paris war die ‚Hauptstadt des 19. Jahrhunderts‘ (Walter Benjamin), weil die Pariser Gesellschaft von Balzac bis Proust alle Phasen des größten Kampfes und der größten Niederlage dieses Jahrhunderts, des Kampfes zwischen dem citoyen der Französischen Revolution und dem bourgeois und der Transformation des citoyen in den bourgeois, in ihrem Spiegel auffing und in allen Schattierungen zurückreflektierte.“[56] Die Erzählung konzentriert sich auf das französische Bürgertum um 1900, als das Judesein oder Judespielen (wie Proust selber es tat) das beste Entréebillet wurde: Die Juden sind, wie die Homosexuellen und die Genies, „interessant“ und werden zur Mode, weil sie die vollendeten Außenseiter darstellen, weil sie die Langeweile und Tristesse einer saturierten Klassengesellschaft zu vertreiben versprechen. Und was mit einer persönlichen Reminiszenz begann, setzt jetzt emphatisch den Schlußstrich: „In den Salons des Faubourg Saint-Germain endet die Geschichte der Ausnahmejuden, soweit sie wert ist, festgehalten zu werden.“[57]

Die Reminiszenz – „Im 18. und 19. Jahrhundert schlägt das Herz Europas am vernehmlichsten in Frankreich.“ – fungiert als Doppelpunkt und führt in das zentrale Kapitel des ganzen ersten Teils, in dem sämtliche bisherigen Motive, die sozialen, die politischen und die ideologischen Aspekte des Antisemitismus zusammengefügt werden: zur Dreyfus-Affäre. Wie die Geschichte des jüdischen Hauptmanns im Totalitarismus-Buch im Einzelnen erzählt wird, braucht hier nicht genauer rekonstruiert zu werden, weil Hannah Arendt weitgehend, bisweilen sogar wörtlich dem amerikanischen Aufsatz von 1942 folgt. Dies gilt für die dramatische Rollenverteilung in dieser „Generalprobe einer Farce“ selber, ebenso wie für ihren Verlauf und ihre Vorgeschichte: Im sog. Panama-Skandal waren unseriöse Spekulationen durch korrupte Parlamentarier vertuscht worden, und als die Sache aufflog, wurden die Juden, die eigentlich nur als Vermittler gedient hatten, verdächtigt. Daraufhin formierten sich in Militär, Adel und Kirche die republikfeindlichen Kräfte und schufen den gesellschaftlichen Resonanzboden für die Anti-Dreyfusards.

Ganz ähnlich gestaltet sich auch die Einbettung der Dreyfus-Affäre in den größeren Kontext: Sie ist nicht für sich selber interessant, sondern steht für einen Kampf um Ideen, für eine politische Auseinandersetzung, in der die „Intellektuellen" die eigentlichen Protagonisten sind, eben die „Dreyfusards", also Zola, Lazare und Clemenceau, in der zweiten Reihe dann Romain Rolland, der junge Georges Sorel, Daniel Havély und Charles Péguy. Sie erscheinen einerseits als die Bannerträger des republikanischen Erbes, andererseits – vom Ende der Dritten Republik her gesehen – als die Verlierer im Kampf um die republikanischen Ideen. Während 1943 diese engere zeitgeschichtliche Perspektive noch dominierte, wird jetzt der größere, gesamteuropäische Horizont voll entfaltet – mit einer folgenreichen Verallgemeinerung, die den exponierten Stellenwert Frankreichs im Totalitarismus-Buch ganz deutlich macht: Was die Dreyfus-Affäre für die französische Nationalgeschichte ist, das ist Frankreich für die europäische Geschichte insgesamt!

Es ist also vor allem die Ausweitung des Horizontes, durch die fast wörtlich wiederholte Sätze eine ganz neue Echowirkung erfahren. So wenn auf das Ende der Dritten Republik extrapoliert wird: „Zugrunde gegangen ist die Republik daran, dass es keine Dreyfusards mehr in ihr gegeben hat, d. h. keine Männer mehr, die daran glaubten, dass Demokratie und Freiheit, Gleichheit und Gerechtigkeit in der Form dieser Republik verteidigt und verwirklicht werden können.“[58] Oder, beinahe noch stärker, wenn Clemenceau als der eigentliche Held der Dreyfus-Affäre gefeiert wird: „Es ist die Größe des Clemenceauschen Angriffs, dass er sich nicht an den ‚konkreten' Justizirrtum klammerte, sondern von vornherein so ‚abstrakte' Ideen wie Gerechtigkeit, Gleichheit vor dem Gesetz, bürgerliche Tugend, Freiheit der Unterdrückten – kurz das ganze Arsenal des jakobinischen Patriotismus, das damals schon so verhöhnt und mit Dreck beworfen wurde wie 40 Jahre später – in den Kampf warf.“[59] Damit ist auch gesagt, dass die Verallgemeinerung sowohl positiver wie negativer Art ist.

Interessant aber ist noch ein anderer Zungenschlag, der den vielleicht signifikantesten Unterschied zum Frankreich-Aufsatz von 1943 markiert: Während dort der Rekurs auf Bernard Lazare in einen emphatischen Appell an „le peuple“ mündete, der mit dem Gedanken einer „revolutionären Lösung“ des jüdischen Problems zumindest spielte, kommt jetzt zwar auch Lazare zu Wort, doch geschieht dies wesentlich defensiver, ja der zeitgenössische Konflikt zwischen Juden und Palästinensern, zumal seine „Lösung“ durch die Gründung des Staates Israel findet überhaupt keine Erwähnung. Stattdessen dominiert ein pessimistischer Blick: Während die politische Linke, konkret die Sozialisten mit ihrem Führer Jean Jaurès keineswegs automatisch in den Kampf für die Republik einstimmten, vielmehr erst durch Zolas „J'accuse" aufgerüttelt wurden, sich also die Front der Republikfreunde nur langsam aufstellte und zersplittert blieb, zeigte sich die Gegenseite, die Rechtsintellektuellen und ihre Presseorgane bis hin zur Action Française sehr viel rühriger. Das Parlament aber und große Teile des Bürgertums einschließlich der assimilierten Juden selber waren und blieben passiv. So erscheint das Ende der Dreyfus-Affäre, das nicht zufällig mit der Pariser Weltausstellung von 1900 zusammenfällt, als eine ebenso „große wie falsche Versöhnung" – für Hannah Arendt das direkte Vorspiel zum Untergang der Dritten Republik.

Wenn man das Konstruktionsprinzip des Totalitarismus-Buches verstehen will, muss man große Lücken, aber auch Sprünge zwischen den historischen Epochen in Kauf nehmen. So findet sich die Klimax des französischen Antisemitismus schon mitten im Zeitalter des Imperialismus platziert, während die „politische Emanzipation der Bourgeoisie", mit der die Darstellung des imperialistischen Zeitalters anhebt, nicht etwa an den Idealen der französischen Aufklärung, sondern an der Philosophie von Hobbes demonstriert wird[60]. In ihrem Zentrum steht die von moralischen und rechtlichen Rücksichten gereinigte „Realpolitik": Machtausübung wird durch Gewalthandeln ersetzt und die friedliche Regelung der bürgerlichen, „inneren" Angelegenheiten gerät in die Abhängigkeit der Außenpolitik, d.h. sie wird in letzter Konsequenz zum Mittel der kriegerischen Expansion. Hobbes' Leviathan wiederum wird nicht aus sich selber verstanden, sondern mit den Augen von Rosa Luxemburg gelesen, um den kapitalistischen Motor der imperialistischen Expansion zu kritisieren: die „Akkumulation des Kapitals“.

Frankreich kommt erst wieder ins Spiel über seinen Beitrag zur Entwicklung des imperialistischen Rassedenkens. Ein früher Denker in diese Richtung war Boulainvillier, der die höhere Legitimität des „germanischen Adels“ gegenüber den Emanzipationsbestrebungen des Bürgertum verteidigte. Wichtiger wird Gobineau[61], der am Anfang des imperialistischen Zeitalters publiziert, aber zur großen Wirkung erst um die Zeit des Ersten Weltkrieges kommt. Hannah Arendt rechnet ihn zu den romantischen Pseudointellektuellen, deren Geschichtsauffassung Rassenlehre und Untergangsphantasie effektvoll miteinander kombinierte, wobei sich für ihn in der Rassenmischung immer die unterlegene Seite durchsetzte. Diese abstruse Theorie wäre eigentlich zum Vergessen verurteilt gewesen wäre, wenn nicht neue und effektivere Kräfte auf den Plan getreten wären. Und die wiederum nehmen zunächst Gestalt an in den ost- und mitteleuropäischen Panbewegungen, formieren sich im späten 19. Jahrhundert zu völkischen und zunehmend auch antisemitisch orientierten Parteien, aus deren effektiver Synthese die faschistischen Bewegungen und nicht zuletzt der Nationalsozialismus hervorgehen. Sie sind die eigentlich dynamischen Faktoren, die am

Zusammenbruch des europäischen Nationalstaatssystems arbeiten und schließlich in die Etablierung der totalitären Diktaturen münden.

Für diesen größeren Zusammenhang ist interessant, dass Hannah Arendt sich bei den Prägekräften des Imperialismus – konstitutiv ist das Verhältnis von Industriewachstum und militärischer Expansion – eher an England und Holland, konkret an den „scramble for Africa", d.h. die Eroberung des "schwarzen Kontinents" hält, während Frankreich, das sich ja durchaus seinen Anteil bei der kolonialen Aufteilung der Welt zu sichern wusste, primär als idealtypisches Modell der Nationalstaatsordnung firmiert. Und auch für die Analyse der im letzten Drittel des 19. Jahrhunderts um sich greifenden völkischen Bewegungen steht nicht Frankreich im Zentrum des Interesses, sondern der osteuropäische Raum, konkret das Zarenreich und die österreich-ungarische Doppelmonarchie. Gegen diese multiethnischen Imperien mussten sich die slawischen Völker in Position bringen, wenn sie ihre nationalen Ansprüche artikulieren wollten, und sie taten dies am effektivsten mittels des Panslawismus, auf den wiederum die Mehrheitsvölker mit pangermanischen Ideologien antworteten.

„Der völkische Nationalismus, der die treibende Kraft des kontinentalen Imperialismus und der Panbewegungen bildete, unterscheidet sich in nahezu allen wesentlichen Zügen von dem Nationalgefühl westlicher Prägung. Der Nationalstaat, wie er sich seit der französischen Revolution entwickelte hatte, mit seinem Anspruch, das Volk im

Ganzen zu repräsentieren, und mit seiner Souveränität, die in diesem Anspruch ihre Legitimierung fand, war dadurch entstanden, dass zwei Faktoren, die im achtzehnten Jahrhundert noch überall getrennt gedacht werden und in Russland wie Österreich-Ungarn faktisch immer getrennt blieben, nämlich nationale Zugehörigkeit und Staatsapparat, miteinander verschmolzen und im nationalen Denken miteinander identifiziert wurden.“[62] Eine Passage wie diese, die sich mitten im achten Kapitel des Totalitarismus-Buches findet, zeigt beides gleichzeitig: einerseits dass die französische Geschichte in den Hintergrund tritt, je mehr sich die historische Analyse dem Zenit des Totalitarismus nähert; und andererseits, dass die „nation par excellence“ nach wie die Norm abgibt, unter der diese Analyse steht.

Dies ist umso bemerkenswerter, als der Fortgang der Erzählung geradezu mit eiserner Notwendigkeit demonstriert, dass auf dem Weg zum Ersten Weltkrieg und dann vor allem im Zuge der materiellen und moralischen Verwüstungen, die er hinterließ, die normative Ausstattung und die institutionellen Stützen der Nationalstaatsordnung Schritt für Schritt demontiert wurden. Wie der bürgerliche Fortschrittsglaube durch intellektuelle Untergangsszenarien geschwächt wurde, so nahm nach außen die territoriale Ordnung irreparablen Schaden und auch nach innen geriet die rechtliche Einhegung der Staatssouveränität außer Kontrolle. Das historische Resultat war eine nur scheinbar stabile Zwischenkriegsordnung, die alle Verwerfungen und Verletzungen des mörderischen Krieges in sich trug und sich alsbald von neuem schweren Krisenerscheinungen ausgesetzt sah – zunächst natürlich vor allem in den Verliererländern des Krieges wie der unglücklichen Weimarer Republik, nicht weniger aber auch in demokratischen Regimen wie eben der französischen Dritten Republik.

Die Zersetzungsprozesse, die sich hier wie dort zeigten, waren nicht etwa peripherer Natur, sondern bedrohten das politische System als Ganzes und fügten sich zu jenem generellen Trend, den Hannah Arendt die „Eroberung des Staates durch die Nation“[63] nennt. Unter dieses Stichwort fallen sowohl die völkische Einfärbung des Nationalismus wie seine zunehmend rassistische und antisemitische Imprägnierung, was beides mit einer scharfen Wendung gegen die etablierten Demokratien einherging. Dazu gehörte die Verselbständigung der exekutiven und bürokratischen Institutionen gegenüber Parlament und Regierung, die als schwach und zerstritten erschienen, und nicht zuletzt die Paralyse des tradierten Parteienpluralismus durch hochideologisierte Bewegungen von links und von rechts. Signifikant für das uns interessierende Frankreich-Bild aber ist, dass all dies und vieles mehr von den grassierenden Krisenerscheinungen der Zwischenkriegszeit von Hannah Arendt gezielt zurückprojiziert und damit zu einem Strukturdefekt der bürgerlichen Ordnung insgesamt wird, als dessen deutlichster Symptomträger wiederum Frankreich erscheint.

Eine prägnante Formulierung lautet: „Der verborgene Konflikt zwischen Staat und Nation kam bereits bei der Geburt des ersten modernen Nationalstaates ans Licht, als die Französische Revolution die Erklärung der Menschenrechte mit der Deklaration des souveränen Volkswillens, also der spezifisch nationalen Souveränität, verband. Die gleichen Grundrechte wurden einmal als das unveräußerliche Eigentum alles dessen, was Menschenantlitz trägt, erklärt, um im selben Atemzug als die spezifisch nationalen Rechte eines souveränen Volkes, das diese Rechte seinem Befreiungskampf und seiner nationalen Geschichte verdankt, hingestellt zu werden... Das praktisch-politische Ergebnis dieses Widerspruchs war, dass von nun an die Menschenrechte nur als spezifische, nationale Rechte anerkannt und garantiert wurden und dass der Staat selbst, dessen höchste Funktion es ist, jedem Einwohner seine Menschenrechte, seine Bürgerrechte und seine nationalen Rechte zu garantieren, den Charakter eines rationalen Rechtsstaats verlor und von den romantischen Staatstheorien als Inkarnation der „Seele der Nation“ vernebelt und vergöttert werden konnte; wesentlich dabei war lediglich, dass eine solche „nationale Seele“ offenbar jenseits und über allen Gesetzen zu stehen kommen musste.“[64]

An dieser Stelle kann die Frage nach dem Stellenwert Frankreichs im Totalitarismus-Buch zum Stillstand kommen, aber nicht weil sie vollständig beantwortet wäre, sondern weil das Material, aus dem die historische Erzählung gewirkt ist, gegen

Ende des Imperialismus-Kapitels immer mehr in einen anderen Aggregatszustand überzugehen scheint. Bevor abschließend versucht wird, diesen Schritt zu beschreiben, ist als Resultat festzuhalten: Das Konstruktions- oder besser das Produktionsprinzip des Totalitarismus-Buches besteht offenbar darin, dass zwei Erzählungen gleichsam ineinander geschoben und dicht miteinander verwoben werden: die Geschichte des europäischen Antisemitismus einerseits, der Aufstieg und Niedergang der Nationalstaatsordnung andererseits. Während der erste Erzählstrang von Anfang an als breites sozialgeschichtliches Geflecht präsent ist, nimmt der zweite erst allmählich Form an und behält auch später eher die abstrakte Gestalt eines Prinzips. Das Modell aber ist eindeutig der französische Nationalstaat, der damit zum Maßstab der europäischen Geschichte wird.

IV. Die Menschenrechte als „theoretische Aporie“

Die folgenden Überlegungen beziehen sich ausschließlich auf das neunte Kapitel des Totalitarismus-Buches und lesen seinen Inhalt in gewisser Weise gegen die Intention der „Geschichtenerzählerin“ – Dekonstruktion lautet der modische Ausdruck dafür. Während aus der Diktion offensichtlich ist, dass in diesem Kapitel über den „Niedergang des Nationalstaates und das Ende der Menschenrechte“ das historische Geschehen eine scharfe Dramatisierung erfährt, die natürlich mit Hannah Arendts eigenen Erfahrungen korrespondiert, so folgt daraus nicht automatisch die gesteigerte Motivation zu einer anderen, der theoretischen Intention. Trotzdem ist genau dies der dominierende Eindruck: In diesem Kapitel kommt es nicht nur zu einer thematischen Engführung von Antisemitismus und Nationalstaatsprinzip, sondern zu einer kategorialen Zuspitzung, wie sie für Theoriearbeit und Theoriedebatten typisch ist. Das muss nicht heißen, dass das Problem prinzipiell „gelöst“ worden ist, aber Hannah Arendt hat es denkbar drastisch demonstriert.[65]

Wenn also die Steigerung darin liegt, dass abstrakte Kategorien des politischen Denkens nicht nur auf markante historische Tatsachen stießen, sondern dieser Konflikt von der Evidenz des persönlichen Erlebens gleichsam durchglüht wurde – was lässt sich daraus für Hannah Arendts Verhältnis zu Frankreich ablesen? Die Antwort demonstriert bei aller typologischen Fixierung auf dieses Land und seine politische Kultur eine absteigende Sympathiekurve: Weil ihre politischen Lehrjahre in den Krisenjahren der Dritten Republik lagen, deren Ende ihren eigenen Überlebenskampf einleitete, musste dieses Kapitel zur Abrechnung mit diesem Land und gleichzeitig zu einer prinzipiellen Kritik an seiner politischen Kultur und der sie konstituierenden Tradition geraten. Der Knoten, den Hannah Arendt dabei schnürt, bringt die Begründung der Menschenrechte und das nationalstaatliche Organisationsmodell in einen ebenso dichten wie kontradiktorischen Zusammenhang, um ihn dann nicht so sehr zu zerschlagen, sondern als logische Aporie stehen zu lassen.

Das aktuelle Phänomen, von dem Hannah Arendt ausgeht, ist die Staatenlosigkeit. Sie steht, wie wir gesehen haben, für die existentielle Steigerung ihrer eigenen Exilerfahrung bis hinein in die USA (sie wurde erste 1951 naturalisiert), gleichzeitig ist die Gruppe der Staatenlosen und vor allem ihre quantitative Zunahme das bedenklichste, das signifikanteste Krisensymptom aller Entwicklungen seit dem Ersten Weltkrieg: „Staatenlosigkeit ist das neueste Phänomen, die Staatenlosen sind die neueste Menschengruppe der neueren Geschichte... das traurigste Produkt der europäischen Bürgerkriege und das deutlichste Zeichen für die Zerrüttung der Nationalstaaten."[66] Entsprang aus den Minderheitenkonflikten Osteuropas zunächst nur der Funke für den großen europäischen Krieg, so brachte dessen Ende zwar die internationale Proklamation des Selbstbestimmungsrechts der Völker, damit jedoch keineswegs eine dauerhafte Befriedung des alten Kontinents, sondern nur die verstärkte Demonstration jenes prinzipiellen Konflikts, auf dem seine Ordnung insgesamt beruhte. Deren Archetypus aber ist nicht irgendwo, sondern in Frankreich, genauer in der Französischen Revolution erfunden worden und besteht in nichts anderem als im Postulat der „Gleichsetzung von nationaler Souveränität und Menschenrechten."[67]

Man kann das lange und so materialreiche Kapitel tatsächlich als einen einzigen und angestrengten Versuch lesen, mit dieser Gleichung ins Reine zu kommen, ein Versuch, der am Schicksal der Staatenlosen und Flüchtlinge gleichsam zum Scheitern gebracht wird. Eindringlich und im Detail wird gezeigt, dass die Versailler Friedensordnung nicht zur Verkleinerung der Flüchtlingsheere geführt hat, sondern zu Verhältnissen, die mit dem Aufstieg der faschistischen Staaten und besonders dann im Verlauf des Zweiten Weltkriegs die Zahl der Heimatlosen und Entwurzelten ins Unermessliche steigerten. Hinzu kamen die Hilflosigkeit des Völkerbundes gegenüber den neuen Flüchtlingsströmen, der allerorten zu beobachtende Zusammenbruch des Asylrechts unter dem Einwanderungsdruck und schließlich die reaktive Tendenz zur Aushebelung der inneren Rechtsordnung durch Fremdenpolizei und Bürokratie, die ihrerseits wiederum zur Verschlechterung der Bewegungsfreiheit der Flüchtlinge bis hin zu ihrer Internierung und Abschiebung führte – dieser fatale Zirkel wird dokumentiert mit penetranter Konzentration auf Frankreich, „das mit nahezu zehn Prozent Fremden schließlich das größte Immigrationsland Europas wurde.“[68]

Eine Formulierung wie die folgende ist ein Zwischenresümee und gleichzeitig die verzweifelte Demonstration einer logischen Unmöglichkeit: „Was diese Verquickung der Menschenrechte mit der im Nationalstaat verwirklichten Volkssouveränität eigentlich bedeutet, stellte sich erst heraus, als immer mehr Menschen und immer mehr Volksgruppen erschienen, deren elementare Rechte als Menschen wie als Völker im Herzen Europas so wenig gesichert waren, als hätte sie ein widriges Schicksal plötzlich in die Wildnis des afrikanischen Erdteils verschlagen. Schließlich hatte man, wenn man von unveräußerlichen und unabdingbaren Menschenrechten sprach, gemeint, diese seien unabhängig von allen Regierungen und müssten von allen Regierungen in jedem Menschen respektiert werden. Nun stellte sich plötzlich heraus, dass in dem Augenblick, in dem Menschen sich nicht mehr des Schutzes einer Regierung erfreuen, keine Staatsbürgerrechte mehr genießen und daher auf das Minimum an Recht verwiesen sind, das ihnen angeblich eingeboren ist, es niemanden gab, der ihnen dieses Recht garantieren konnte, und keine staatliche oder zwischenstaatliche Autorität bereit war, es zu beschützen.“[69]

Aber damit nicht genug, Hannah Arendt sieht sich zur weiteren Radikalisierung der Fragestellung gezwungen, was einen weiteren Abstraktionsschritt nach sich zieht: „Staatenlosigkeit in Massendimensionen hat die Welt faktisch vor die unausweichliche und höchst verwirrende Frage gestellt, ob es überhaupt so etwas wie unabdingbare Menschenrechte gibt, das heißt Rechte, die unabhängig sind von jedem besonderen politischen Status und einzig der bloßen Tatsache des Menschseins entspringen...Wenn es überhaupt so etwas wie ein eingeborenes Menschenrecht gibt, dann kann es nur ein Recht sein, das sich grundsätzlich von allen Staatsbürgerrechten unterscheidet.“ (S. 456/7) Und um diese Frage entscheidbar zu machen, dekliniert Hannah Arendt in einem geradezu sadomasochistischen Selbstversuch durch (weil sie ja vieles am eigenen Leib erlebt hat), wie sich die Erfahrungen eines modernen Flüchtlings gleichsam in Schichten der Entwürdigung voneinander abheben lassen – vom Verlust der natürlichen und kulturellen Heimat über die Durchlöcherung der Rechtsperson bis hin zur Auflösung einer zurechenbaren Ursache für die politische Verfolgung überhaupt: „Der moderne Flüchtling ist das, was ein Flüchtling seinem Wesen niemals sein darf: er ist unschuldig selbst im Sinn der ihn verfolgenden Mächte.“[70]

Am Ende dieser hier nur angedeuteten Serie der „Entmenschlichung“ steht die Aberkennung der Menschenwürde als solcher und damit der Verlust aller Eigenschaften, die sich zum Begriff der Menschseins versammeln lassen, wobei die Unerbittlichkeit dieser Deduktion darin besteht, dass sie im modernen Begriff der Menschenrechte selber angelegt scheint – ihre Logik hat sich in der Politik gegenüber den Staatenlosen in der Zwischenkriegszeit vorbereitet und wurde im Verlaufe des Zweiten Weltkriegs von den Nationalsozialisten gegenüber den Juden in die Tat umgesetzt. Dieser Übergang von der Verfolgung zum Genozid verweist auf den absoluten Endpunkt, der im Holocaust Realität wurde; er zeigt, dass die Abstraktion von seinen konkreten Eigenschaften den Menschen in einen Zustand der „Weltlosigkeit“ stößt, der nichts weniger ist als die Vorbereitung zu seiner Vernichtung: „Die Existenz solch einer Kategorie von Menschen birgt für die zivilisierte Welt eine zweifache Gefahr. Ihre Unbezogenheit zur Welt, ihre Weltlosigkeit ist wie eine Aufforderung zum Mord, insofern der Tod von Menschen, die außerhalb aller weltlichen Bezüge rechtlicher, sozialer und politischer Art stehen, ohne jede Konsequenz für die Überlebenden bleibt. Wenn man sie mordet, ist es, als sei niemandem ein Unrecht oder auch nur ein Leid geschehen.“[71]

Die Frage einer historischen „Erklärung“ des Holocaust oder genauer: der theoretischen Prämissen, um eine solche Herleitung vorstellbar zu machen, ist nicht unser Thema. Sicher ist, dass Hannah Arendt beim Übergang zum Dritten Kapitel des Totalitarismus-Buches vor genau diesem Problem stand, und man erhält den Eindruck, als ob sie es entweder für unlösbar hielt oder aber nicht lösen wollte. Zwei Varianten für diese Verweigerung einer theoretischen Lösung aber finden sich angedeutet: Die eine bestand in der Annahme, dass die humanistischen Ideale der bürgerlichen Weltanschauung in dem Maße zum Rückzug gezwungen wurden, wie die Nationalstaatsordnung sich historisch auflöste; die andere, viel radikalere bestand in dem Verdacht, dass es einen prinzipiellen Hiatus zwischen den Menschenrechten und der bürgerlichen Einrichtung der Welt geben könnte, dass schon die historische

Aufklärung auf einer logischen Unmöglichkeit beruhte. Das wäre nichts anderes als eine besonders markante, nämlich auf dem Feld der Politik durchgeführte „Dialektik der Aufklärung“.[72]

Es spricht vieles dafür, dass Hannah Arendts provokantes Insistieren auf den Menschenrechten als „Aporie“ zumindest untergründig auf der zweiten Variante beruhte. Ein Indiz dafür ist, dass genau in diesem Zusammenhang[73] das erste Mal, soweit ich sehe, gleichzeitig die Heideggersche Begrifflichkeit benützt und Aristoteles autoritativ zitiert, also auf die vormoderne Begründung des Politischen rekurriert wird, um eine verlässlichere Barriere gegen die „Weltlosigkeit“ des modernen Menschen zu errichten. Hier bereitet sich in der Denkentwicklung Hannah Arendts der Platz vor, von dem aus der „Tigersprung“ (Walter Benjamin) aus der Moderne in die Antike ansetzen wird. Dass dies nicht nur ein verzweifelter Gedankenblitz war, sondern ein geniales Manöver einleitete, hat Hannah Arendt in ihrer geistesgeschichtlichen Rekonstruktion der „Vita activa“ bewiesen[74], ebenso wie es sie nicht daran gehindert hat, sich mit dem dritten Werk ihrer politiktheoretischen Trilogie noch einmal der französischen Aufklärung zu stellen, wenngleich nur, um sie an der amerikanischen Tradition scheitern zu lassen.[75]

Anmerkungen

1 Hannah Arendt, Elemente und Ursprünge totaler Herrschaft (1951), München 1991, 2. Auflage, S. 434.

2 Immer noch am ergiebigsten ist Elisabeth Young-Bruehl, Hannah Arendt. For Love of the World, New Haven and London 1982. Helga Mahrdt, Le milieu de l'exil (1933–1940) in: Anne Kupiec (ed.), Hannah Arendt – Crises de l'État nation. Pensées Alternatives, Paris 2007, S. 37–48 ist wenig konkret.

3 Fernsehinterview mit Günter Gaus, in: Hannah Arendt, Ich will verstehen. Selbstauskünfte zu Leben und Werk, hrsg. von Ursula Ludz, München 1996, S. 53.

4 Zur Jugend- und Bildungsgeschichte vgl. Antonia Grunenberg, Hannah Arendt und Martin Heidegger. Geschichte einer Liebe, München 2006.

5 Hannah Arendt, Karl Jaspers, Briefwechsel 1926–1969, hrsg. von Lotte Köhler und Hans Saner, München 1985, S. 52–55.

6 Vgl. nach wie vor die Darstellung von Albrecht Betz, Exil und Engagement. Deutsche Schriftsteller im Frankreich der Dreissiger Jahre, München 1986.

7 Eine einfühlsame Darstellung „von unten" sind die Erinnerungen von Henry Jacoby, Davongekommen, 10 Jahre Exil 1936–1946, Frankfurt/M 1982.

8 Hannah Arendt, Heinrich Blücher Briefe 1936–1968, hrsg. von Lotte Köhler, München 1996, S. 79, 11.9.1937) Oder später an Karl Jaspers: «Meine nicht-bürgerliche oder literarische Existenz beruht darauf, dass ich dank meines Mannes politisch denken und historisch sehen gelernt habe und dass ich andererseits nicht davon abgelassen habe, mich historisch wie politisch von der Judenfrage her zu orientieren.» (29.1.1946), in: Arendt, Jaspers Briefwechsel, a.a.O. S. 67.

9 Ebenda, S. 55.

10 Vgl. dazu Detlev Schöttker, Erdmut Wizisla, Hannah Arendt und Walter Benjamin. Stationen einer Vermittlung, in: Text und Kritik Heft 166/7 2005, S. 42–57; hier auch der kurze Briefwechsel zwischen beiden: S. 58–66.

11 Vgl. dazu Walter Benjamin, Passagen. Schriften zur französischen Literatur, ausgewählt und mit einem Nachwort von Gérard Raulet, Frankfurt/M 2007.

12 Hannah Arendt, Gershom Scholem. Der Briefwechsel, hrsg. von Marie Luise Knott, Frankfurt/M 2010, S. 10. Vgl. auch Arendt an Hans Paeschke: „In Paris aber waren wir nahe

Freunde, zumindest seit 1934 oder 35. Im Jahr 1940, während des französischen Zusammenbruchs, waren wir beide mehrere Wochen in Lourdes, wohin er sich geflüchtet hatte und wohin ich zufällig kam, nachdem ich mich von Gurs ‚befreit‘ hatte. Ich habe ihn wenige Tage, bevor er nach Spanien ging, in Marseille gesehen und ausführlich gesprochen.“ Zitiert in Schöttker, Wizisla, Arendt und Benjamin, a.a.O. S. 49.

13 Zur äußerst verwickelten Überlieferung der „Geschichtsphilosophischen Thesen“ vgl. jetzt Walter Benjamin, Über den Begriff der Geschichte, hrsg. von Gérard Raulet, Frankfurt/M 2010.

14 Raymond Aron, Mémoires, Paris 1983, S. 176. Den Hinweis verdanke ich Manfred Gangl.

15 Sie sind 1935 in Le Journal Juif erschienen und auf Englisch greifbar in: Hannah Arendt, The Jewish Writings, ed. by Jerome Kohn and Ron H. Feldman, New York 2007, pp. 29–37.

16 Ebenda S. 42–45.

17 Ebenda S. 46–121.

18 Ebenda S. 110/1 und S. 121.

19 Vgl. besonders das Vorwort zu Hannah Arendt, Rahel Varnhagen. Lebensgeschichte einer deutschen Jüdin aus der Romantik, 5. Aufl. München 1984, S. 7–13.

20 Vgl. Walter Benjamin, Gershom Scholem Briefwechsel 1933–1940, Frankfurt/M 1980, S.295 und S. 309; Arendt, Scholem Briefwechsel, a.a.O., S. 7–10.

21 Arendt, Rahel Varnhagen, a.a.O., S. 208.

22 Ebenda S. 210/1.

23 Zur Minderheitenfrage. Brief an Erich Cohn-Bendit, abgedruckt in: Hannah Arendt, Vor dem Antisemitismus ist man nur noch auf dem Monde sicher, hrsg. von Marie Luise Knott, München 2000, S. 231/2.

24 Vgl. Gilbert Badia u.a. (Hrsg.), Les barbelés de l'exil. Etudes sur l'émigration allemande et autrichienne (1938–1940), Grenoble 1979; Christian Eggers, Deutschsprachige Emigranten in den französischen Internierungslagern 1939–1942, in: Anne Saint Sauveur-Henn (Hrsg.), Zweimal verjagt. Die deutschsprachige Emigration und der Fluchtweg Frankreich-Lateinamerika 1933–1945, Berlin 1998, S. 34–47.

25 Vgl. Michael R. Marrus, Robert O. Paxton, Vichy et les juifs, Paris 1981; Barbara Vormeier, Die Deportierungen der deutschen und österreichischen Juden aus Frankreich 1942–1944, Paris 1980.

26 Wir Flüchtlinge (1943), in: Hannah Arendt, Zur Zeit, hrsg. Marie Luise Knott, Berlin 1986, S. 15.

27 Ebenda, S. 21.

28 Hannah Arendt, From the Dreyfus Affair to France today, in: Jewish Social Studies 4, 1942, S. 195–240. Dieser Text ist, mit Ausnahme des Bandes: Anne Kupiec (ed.), Crises de l'État nation. Pensées Alternatives, Paris 2007, in seiner werkgeschichtlichen Bedeutung bislang nicht hinreichend beachtet worden.

29 Ebenda S. 202.

30 Ebenda S. 217.

31 Ebenda S. 199.

32 Ebenda S. 208.

33 Ebenda S. 221.

34 Ebenda S. 224.

35 Ebenda S. 233.

36 Ebenda S. 235.

37 Ebenda S. 237.

38 Ebenda S. 238.

39 Dies ist durch die Sammelpublikation: Hannah Arendt, The Jewish Writings, ed. By Jerome Kohn and Ron H. Feldman, New York 2007 erst richtig ins Bewusstsein getreten!

40 Jetzt gesammelt als Hannah Arendt, Vor dem Antisemitismus ist man nur noch auf dem Monde sicher. Beiträge für die deutsch-jüdische Emigrantenzeitschrift „Aufbau" 1941–1945, hrsg. von Marie Luise Knott, München 2000.

41 Informativ dazu sind die Einführungen von Jerome Kohn und Ron H. Feldman zu den Jewish Writings.

42 Hannah Arendt, To Save the Jewish Homeland, ebenda S. 397.

43 Ich zitiere im Folgenden nach der 2. Auflage der deutschen Ausgabe: Elemente und Ursprünge totaler Herrschaft, München 1991.

44 Vgl. dazu die Einleitung zu Antonia Grunenberg (Hrsg.), Totalitäre Herrschaft und republikanische Demokratie, Frankfurt/M 2003.

45 Im Vorwort zur deutschen Erstausgabe, a.a.O., S. 14. Die Frage spielte auch eine Rolle in der Auseinandersetzung mit Eric Voegelin, die 1953 in der Review of Politics geführt wurde: Vol. 15, pp. 68–85.

46 Hinweise gibt Ursula Ludz, Hannah Arendt und ihr Totalitarismus-Buch, in: Grunenberg, a.a.O., S. 81ff.

47 Dass die Theoretikerin Hannah Arendt „als Geschichtenerzählerin" zu lesen sei, wurde eindringlich entwickelt von Seyla Benhabib, Hannah Arendt. Die melancholische Denkerin der Moderne, Berlin 1998, bes. S. 153–169.

48 Arendt, Elemente und Ursprünge, a.a.O., S. 59ff.

49 Ebenda S. 77.

50 Ebenda S. 88.

51 Ebenda S. 90.
52 Ebenda S. 88ff.
53 Ebenda S. 94/5.
54 Ebenda S. 434.
55 Ebenda S. 139.
56 Ebenda S. 146.
57 Ebenda S. 160.
58 Ebenda S. 168.
59 Ebenda S. 192.
60 Ebenda S. 241ff.
61 Ebenda S. 285ff.
62 Ebenda S. 369.
63 Ebenda S. 370ff.
64 Ebenda S. 371.
65 Eine ähnliche Fragestellung lag 2006 einer Konferenz an der Université Paris VII zugrunde, publiziert von Anne Kupiec (ed.), Hannah Arendt – Crises de l'État nation. Pensées Alternatives, Paris 2007.
66 Arendt, Elemente und Ursprünge, a.a.O., S. 436.
67 Ebenda S. 430.
68 Ebenda S. 443.
69 Ebenda S. 455.
70 Ebenda S. 459.
71 Ebenda S. 470.
72 Zur Frage der Parallelen zwischen Arendt und Horkheimer/Adorno vgl. Dirk Auer u.a. (Hrsg.), Arendt und Adorno, Frankfurt/M 2003 und vorher schon Dan Diner (Hrsg.), Zivilisationsbruch. Denken nach Auschwitz, Frankfurt/M 1988.
73 Arendt, Elemente und Ursprünge, a.a.O., S. 462/3.
74 Hannah Arendt, Vita activa oder Vom tätigen Leben (1958), 3. Aufl. München 1983.
75 Hannah Arendt, Über die Revolution (1963), München 1965. Vgl. dazu meinen Aufsatz: Zwischen Europa und Amerika. Hannah Arendts Wanderungen durch die politische Ideengeschichte, in: Alfons Söllner, Political Scholar. Zur Intellektuellengeschichte des 20. Jahrhunderts, Hamburg 2018, S. 129–158.

Hannah Arendts Totalitarismus-Buch im Kontext der zeitgenössischen Debatte

Dass Hannah Arendts „The Origins of Totalitarianism", wie der Titel bei der Erstpublikation im Jahr 1951 lautete[1], noch im fortgeschrittenen 21. Jahrhundert eines der wirkungsmächtigsten Geistesprodukte geblieben ist, bedarf schwerlich eines angestrengten Beweises. Welches andere akademische Buch wäre in der Lage gewesen, anlässlich seines 50. Geburtstages, d.h. gleich zu Anfang des neuen Jahrhunderts eine ganze Serie von Konferenzen hervorzurufen?[2] Eine Zeit lang mochte es so scheinen, als ob die neue Welle der Arendt-Rezeption in der westlichen Welt nur damit zusammenhing, dass ihr Buch für den Aufstand gegen das kommunistische Weltreich maßgebliche Stichworte geliefert hatte. Doch nicht nur die Übergangsprobleme der postkommunistischen Staaten erwiesen eine fortgesetzte Aktualität ihrer Totalitarismusanalyse, vielmehr wurden auch die westlichen Demokratien von wirtschaftlichen Krisen, politischen Rückschlägen und autoritären Versuchungen eingeholt, für deren Kritik sich der Rekurs auf Hannah Arendt immer erneut als nützlich erwies. Es ist vermutlich nicht übertrieben, wenn man ihre Bücher, ihr Totalitarismus-Buch zumal als die meistdiskutierten Basistexte der politischen Zeitgeschichte nach Hitler und Stalin bezeichnet.

Wenn also ein keineswegs leicht zu lesendes Buch – über einige und überdies ziemlich steile Klippen der politischen wie der wissenschaftlichen Kritik hinweg – nicht nur präsent geblieben, sondern geradezu populär geworden ist, dann droht einer erneuten Lektüre die umgekehrte Gefahr: dass sie nämlich nur allzu Bekanntes, das in der Wirkungsgeschichte erstarrte Klischee reproduziert. Aus einem Unikum, das dem modernen Zwielicht von Wissenschaft und Politik entsprang, ist ein Unikat: ein „moderner Klassiker des politischen Denkens" geworden. Die ambivalenten Folgen dieser Kanonisierung sind an der erstaunlichen Revitalisierung der Totalitarismusdebatte nach 1989 ganz deutlich abzulesen. Hannah Arendt war in dieser Diskussion stets und überall präsent, doch während sie in die primär fachwissenschaftliche Argumentation in Deutschland nur zögerlich Einzug hielt, zeigte sich in Frankreich die entgegengesetzte Tendenz: hier war der Totalitarismusdiskurs beinahe philosophisch überdeterminiert und stieß deshalb an Grenzen.[3]

I. Der Kontext der politikwissenschaftlichen Emigration

Was soll es denn bedeuten, Hannah Arendts Totalitarismus-Buch „in den Kontext der zeitgenössischen Debatte" zu stellen? Wenn der modischen Rezeption nicht weiter Vorschub geleistet werden soll, die immer nur die bequemen Wege aus der

Vergangenheit in die Gegenwart ebnet, dann müssen wir mit einer soliden Definition dessen beginnen, was „zeitgenössische Debatte" heißen soll. Um sich im Dickicht des 20. Jahrhunderts zurecht zu finden, könnte man einen mittleren Weg zwischen zwei Extremen ins Auge fassen: Zu eng wäre der Kontext definiert, wenn er nur die unmittelbare akademische Rezeption umfassen würde, die das Totalitarismus-Buch zuerst in den USA der 50er Jahre und dann im Zuge seiner Übersetzungen in den europäischen Ländern gefunden hat. Zu weit aber würde es führen, die reiche und breite Wirkungsgeschichte bis heute ins Auge zu fassen und also nach dem Ort des Totalitarismus-Buches in der politischen Ideengeschichte insgesamt zu fragen.[4]

Ich werde im Folgenden davon ausgehen, dass man Hannah Arendts Totalitarismus-Buch nur verstehen wird, wenn man seinen Entstehungskontext unter mindestens drei Gesichtspunkten betrachtet: „The Origins of Totalitarianism" ist 1. ein Produkt der politisch-wissenschaftlichen Emigration aus Hitler-Deutschland, in der es 2. einen spezifischen und ganz besonders signifikanten Platz einnimmt, wodurch es 3. für das politische Denken der Nachkriegszeit zu einer historischen Weichenstellung werden konnte.

Vorausgesetzt ist dabei eine Vorstellung von „Zeitgenossenschaft", die ebenso emphatisch wie komplex ist. Der Einfachheit halber werde ich mit Karl Mannheim[5] behaupten, dass die politisch-wissenschaftlichen Emigranten als eine Generationsgruppe betrachtet werden können, die durch spezifische, vor allem durch politische Schlüsselerfahrungen geprägt wurde. Es bedarf in unserem Fall keiner langwierigen Herleitung, worin das prägende Erlebnis für die um das Jahr 1900 geborenen jüdischen Intellektuellen und Wissenschaftler in Deutschland bestand und inwiefern es die Katastrophenerfahrungen der vorausgehenden, der Generation des Ersten Weltkrieges gleichzeitig psychisch radikalisierte und politisch eindeutiger machte.

Es war natürlich das Schicksal der politischen Vertreibung aus Nazi-Deutschland, einerseits letzter Ausweg aus dem im Genozid kulminierenden Antisemitismus und andererseits rettende Aufnahme in einem Land der westlichen Hemisphäre, das zunächst das Überleben garantierte und später dann auch die seelische und intellektuelle Verarbeitung des Erlebten ermöglichte. Schon hier ist jedoch eine zeitliche Differenzierung angebracht: diese Generationserfahrung hängt zwar mit den politischen Eckdaten von 1933 und 1945 zusammen, aber sie beginnt, nicht zuletzt durch die nachträgliche Rückprojektion des Erlebten, lange vorher, und sie reicht weit über das Ende des Nationalsozialismus hinaus.

Dass die politisch-intellektuelle Emigration einem äußerst schmerzlichen Eingriff in die deutsche und europäische Ideen- und Sozialgeschichte gleichkam, war auch den Zeitgenossen bewusst. Welches Ausmaß sie hatte und vor allem welche langfristige Wirkung sie zeitigte, ist jedoch erst durch die sog. Exil- und Emigrationsforschung ganz deutlich geworden. Auf dem Gebiet der Sozial- und Geisteswissenschaften wird geradezu eine globale Wirkung der Emigrantengeneration sichtbar, die weit über die unmittelbar beteiligten Länder hinausreichte. Insofern ist es keine Übertreibung, wenn man in der Wissenschaftsemigration, vor allem in Verbindung mit der zeitlich anschließenden Remigration und Rückwirkung einen wichtigen Faktor der Internationalisierung insgesamt vermutet.[6]

Um sich in diesem überkomplexen Feld zu orientieren, möchte ich vorschlagen, zwei exemplarische Themenfelder – heute spricht man von „politischen Diskursen" – zu unterscheiden und sie grob mit den großen weltpolitischen Konfliktlagen zu verknüpfen, von denen das zweite Drittel des Jahrhunderts dominiert war: auf der einen Seite die Faschismus- und Nationalsozialismusdebatte der 30er und frühen 40er Jahre, als der Kampf gegen das Hitler-Regime und den europäischen Faschismus das politischen Denken beherrschte; auf der andern Seite die in den 50er Jahren in den Vordergrund tretende Totalitarismustheorie, die den Faschismusdiskurs teilweise fortführte und gleichzeitig ein allgemeineres Denksystem etablierte, das mehr oder weniger mit der veränderten Kräftekonstellation des Kalten Krieges harmonierte.[7]

Die damit skizzierte ideengeschichtliche Formation ist widersprüchlicher und komplexer Natur, sie weist Sedimentierungen und Überlagerungen auf und ist zudem einem rapiden Wandel unterworfen. Um den Rahmen anzudeuten, in den ich Hannah Arendts Buch gleichsam einspannen will, muss ich exemplarisch verfahren und werde mich also an die folgenden vier Titel halten:

Ernst Fraenkel, Dual State,
zuerst erschienen 1941
Franz Neumann, Behemoth,
zuerst erschienen 1942
Sigmund Neumann, Permanent Revolution,
zuerst erschienen 1942
Friedrich/Brzeszinski, Totalitäre Diktatur,
erschienen 1956/7

Diese Namen zu nennen, wird auf wenig Einwände stoßen, wenn man ihre Ergänzungsbedürftigkeit zugibt und die Sonderstellung von Carl J. Friedrich anmerkt. Zweifellos handelt es sich nicht nur um Marksteine der politikwissenschaftlichen Emigration, sondern auch um sinnfällige Meilensteine für die historische Abfolge der beiden Diskursfelder, um die es geht: der früh einsetzenden Faschismus- und Nationalsozialismustheorie einerseits, der später kulminierenden Totalitarismustheorie andererseits. Schwieriger zu parieren ist ein zweiter Einwand, der den Sachzusammenhang und die kommunikative Dichte des hier konstruierten Kontextes betrifft: Kann man denn behaupten, dass es zwischen diesen Büchern bzw. ihren Autoren überhaupt einen verbindlichen diskursiven Zusammenhang gab?

Eine simple Zitationsauswertung scheint eher das Gegenteil zu beweisen:

Hannah Arendt zitiert im Totalitarismus-Buch:
- Fraenkel 1x
- Franz Neumann 2x (1x positiv und 1x negativ)
- Sigmund Neumanns Buch wird gar nicht erwähnt.
- Friedrich/Brzeszinski wird seit der 2. Auflage genannt, aber nur im Literaturverzeichnis.

Umgekehrt hat natürlich nur das letzte Buch die Chance, alle anderen zu zitieren. So zitieren Friedrich/Brzeszinski:
- Fraenkel 1x
- Franz Neumann 2x
- Sigmund Neumann 1x
- Hannah Arendt 4x (d.h. so oft wie alle andern zusammen)

Der Befund ist bemerkenswert. Aber er besagt zunächst nur, dass es auch zwischen den Emigranten eine „normal scientific community" gab, d.h. die gegenseitige Wahrnehmung war durch theoretische Differenzen, politische Wahrnehmungsschranken oder sogar durch persönliche Animositäten mitbestimmt. Will man aber umgekehrt annehmen, wofür es durchaus Gründe gibt, dass der Überlebens- und Akkulturationsdruck ein besonderes Maß an politischer Selbststilisierung oder theoretischem Eigensinn zur Folge hatte, so wird man sich über die erstaunlichen Gemeinsamkeiten verwundern müssen, die sich über die vorhandenen Kommunikationsschranken hinweg durchsetzten.

Wie also lassen sich die Stellung und die Bedeutung des Totalitarismus-Buches, das Hannah Arendt in Amerika bekanntlich über Nacht berühmt machte, im oftmals kritischen, manchmal schweigsamen, im Ganzen aber erstaunlich konstruktiven Gesprächszusammenhang der politikwissenschaftlichen Emigranten umreißen? In welchem Sinn kann man behaupten, dass eine historische Schlüsselstellung auf der Entwicklungsachse des Emigrantendiskurses einnimmt, was 1951 zumindest ein aufsehenerregendes Phänomen war? Und mit welchen Eigenschaften des Buches – und natürlich seiner Autorin – könnte diese besondere Wirkung erklärt werden?

Es ist klar, dass diese Fragen hier nicht erschöpfend diskutiert werden können – dazu ist jedes der genannten Bücher von der Entstehung her zu voraussetzungsreich, ebenso wie jedes für sich als vieldeutiges Produkt erscheint: einmalig im Ton wie in der inneren Feinstruktur, im Wirkungszusammenhang aber mehrdeutig oder sogar kontrovers. Es kann nur darum gehen, einige leitmotivische Fäden aus der jeweiligen Argumentationstextur gleichsam herauszuziehen und dann mit der nicht weniger komplexen und häufig abstrakt-philosophischen Textur Hannah Arendts zu verknüpfen – in der Absicht, die gemeinsame Einfärbung differenter Fakten oder eben umgekehrt die verschiedene Beurteilung gleicher oder ähnlicher Tatsachen zu konstatieren. Und daraus wiederum mögen Rückschlüsse gezogen werden auf die Veränderung der historisch-politischen Lage, wie sie sich in wissenschaftlichen und intellektuellen Produkten immer spiegelt.

Eine gravierende Einschränkung meiner Betrachtung ist allerdings von vorne herein festzuhalten, weil sie gleichzeitig eine methodologische Vorentscheidung für die Lektüre der Totalitarismusanalyse impliziert: Ich werde mich ausschließlich an den dritten Teil des Buches halten, d.h. auf das konzentrieren, was Hannah Arendt in der Einleitung zur deutschen Ausgabe als die „totalitäre Kristallisationsform" bezeichnete und von den „Ursprüngen und Elementen" der totalitären Herrschaft unterschieden haben wollte.[8] Gerade diese Beschränkung wird seit einiger Zeit in der Arendt-Literatur aufgegeben: Das Totalitarismus-Buch erscheint immer mehr als Entwurf einer allgemeinen politischen Ideengeschichte seit der europäischen Aufklärung, als ambitionierte Theorie der Moderne[9], wenn es nicht gar zum Tableau stilisiert wird, aus dem die Heroine dieser Moderne, das „weibliche Genie" entspringt.[10]

II. Von der juristischen zur gesellschaftstheoretischen Konstruktion des Nationalsozialismus – Ernst Fraenkel und Franz L. Neumann

Der Nationalsozialismus war bekanntlich, ebenso wie zehn Jahre früher der italienische Faschismus, vom Augenblick seiner Etablierung an Gegenstand intensiver Aufmerksamkeit und wissenschaftlicher Beobachtung. Die daraus entspringende Literatur der ersten Stunde war untrennbar verbunden mit dem Kampf gegen Mussolini und Hitler, später gegen die Faschisierung Europas insgesamt. Und weil die Verfolgungswut der neuen Diktaturen sich zunächst in erster Linie gegen die politische Linke gerichtet hatte, war es nur logisch, dass auch der Blick auf diese Regime, sei es unter der allgemeineren Rubrik des Faschismus oder der spezielleren des Nationalsozialismus, politisch hoch determiniert war. Es entwickelte sich ein scharfer „Anti-Diskurs", der nicht ausschließlich, aber doch vorwiegend eine Domäne der Linksintelligenz war.[11]

Von dieser Ausgangskonstellation des politischen Exils hebt sich ein zweiter Typus ab, für den zwar die politische Anti-Stellung nicht weniger verpflichtend war, der jedoch daraus eine verstärkte theoretische Emphase, ja geradezu eine Verpflichtung zum „großen Theorieentwurf" ableitete. Ich möchte dies als die heroische Phase der Faschismus- und Nationalsozialismusdeutung bezeichnen, in der vor allem das Hitler-Regime als der unmenschliche Gegner erschien, der kraft eigener Erfolge, aber auch infolge der Appeasement-Politik der Westmächte zum übermenschlichen Gegenspieler wurde. Typisch für diese fortgeschrittene Phase war eine fast monomanische Fixierung auf das nationalsozialistische Herrschaftssystem, der die monographische Form der Darstellung sinnfällig entsprach. Die Bücher von Fraenkel und Neumann gehören nicht nur in diesen Kontext, sondern zeigen auch, zu welcher Höchstleistung – trotz aller Umstände und Behinderungen – bereits die Emigrationspublizistik gedeihen konnte.[12]

Vielleicht erfasst man die charakteristischen Züge von Fraenkels Buch, das 1941 unter dem Titel „The Dual State" in den USA erschien, am schnellsten, wenn man sich seine höchst denkwürdige Entstehungsgeschichte vergegenwärtigt: Ernst Fraenkel, in der Weimarer Republik als Gewerkschaftsjurist tätig, hatte das Material noch während seiner (bereits stark behinderten) Anwaltstätigkeit gesammelt und musste das Manuskript illegal aus Deutschland herausschmuggeln, bevor ihm selber im Jahr 1938 die Flucht vor den Nazi-Schergen gelang.[13]

Beides schlägt sich mehr oder weniger direkt in der theoretischen Konstruktion des „Doppelstaates" nieder: Fraenkel konzentriert sich auf die Veränderungen der juristischen Theorie und Praxis seit 1933 und kommt zu der These, dass die Entwicklung in Nazi-Deutschland durch das Nebeneinander zweier sich widersprechender Rechtssysteme charakterisiert sei: des „Maßnahmestaates" einerseits, der die überkommenen rechtsstaatlichen Strukturen und Garantien Schritt für Schritt auflöst, und des „Normenstaates" andererseits, der sich auf dem Rückzug befindet und schließlich darin erschöpft, die kapitalistische Produktion aufrechtzuerhalten und auf die Kriegsrüstung hin auszurichten.[14]

Die nationalsozialistische Bewegung hat sich konsolidiert und sitzt sicher im Sattel der politischen Macht, weil sie die Polizei- und Ordnungsgewalten erfolgreich aus den verfassungs- und gesetzmäßigen Schranken gelöst und die Gerichtsbarkeit unter ihre Kontrolle gebracht hat. Sie hat sich ihrer Gegner mit den Mitteln der direkten Gewalt entledigt, die Autonomie der sozialen Gruppen zerschlagen und die Gleichschaltung der Gesellschaft erzwungen. Vor allem hat sie die rechtlichen und verwaltungstechnischen Garantien in perverser Weise dazu benutzt, aus der rassistischen Propaganda Wirklichkeit werden zu lassen, d.h. die diskriminierten Minderheiten, allen voran die Juden, ihrer rechtlichen und sozialen Stellung zu berauben.[15]

Der schmählichste Aspekt dieser Analyse aber war der Nachweis, der für einen studierten und engagierten Juristen am schmerzlichsten gewesen sein muss, den Fraenkel dennoch minutiös durchführte: dass nicht wenige der juristischen Eliten und Autoritäten, die in der Tradition des Positivismus erzogen waren und ihren Legalitätsglauben während der Weimarer Republik auch praktiziert hatten, sich in den Dienst des Unrechtsstaates gestellt hatten, wenn sie sich nicht bereits vorher als antidemokratische Publizisten betätigt und die Rechtslehre dazu benutzt hatten, die demokratische Ordnung zu delegitimieren.[16]

Das Paradebeispiel dafür war der Verfassungsrechtler Carl Schmitt, der von Fraenkel als einer der Steigbügelhalter und gleichzeitig als der scharfsinnigste Vordenker der nationalsozialistischen Auffassung von Politik dargestellt wurde.

Die antisemitische Rassenpolitik des völkischen Staates, so resümierte Fraenkel seine Argumentation, ist nichts anderes die Übersetzung der Schmittschen Theorie des politischen Feindes in die Praxis. Möglich aber wurden all diese Perversionen nur durch den schon länger wirksamen Verlust der rationalen Naturrechtstradition, der rechtsstaatlichen Prinzipien sowie der Idee von den unveräußerlichen Rechten des Menschen – der programmatische Antiliberalismus der nationalsozialistischen Ideologen war in dieser Hinsicht nur eine letzte, grausame Desillusionierung.[17]

Man kann die Konzentration auf die Entwicklung des Rechts- zum Unrechtssystem, aber auch die normative Rückwendung zum Naturrecht bei Fraenkel als Ausgangspunkt nehmen, um zu demonstrieren, wie und in welche Richtung Franz Neumanns „Behemoth" (1942) darüber hinausgeht. Neumann war in der Weimarer Zeit der Anwaltskollege von Fraenkel gewesen, hatte aber Deutschland schon 1933 verlassen müssen und in England (bei Harold Laski und Karl Mannheim) ein zweites Studium der political science absolviert.[18] Hinzu kam in den späten 1930er Jahren seine Einbindung ins ebenfalls emigrierte Institut für Sozialforschung, in dem empirische Untersuchungen auf der Basis eines modifizierten Marxismus durchgeführt wurden.[19]

Waren dies die ausschlaggebenden Faktoren in wissenschaftsgeschichtlicher Hinsicht, so wurde der „Behemoth" auch in politischer Hinsicht zu einer Weichenstellung, weil er die innere Struktur des Nationalsozialismus zu einem Zeitpunkt offenlegte, als die USA gerade in den Krieg gegen die Achsenmächte eingetreten waren und alles darauf ankam, die ganze Aggressionsdynamik und das effektive Vernichtungspotential des Gegners abzuschätzen. Neumann ist dies, ausgehend von einer selbstkritischen Darstellung der Weimarer Republik, so überzeugend gelungen, dass der „Behemoth" heute als die erste Gesamtdeutung des Nationalsozialismus gilt, an der die zeitgeschichtliche Forschung immer noch Maß nimmt.[20] Das Buch ist voluminös und entwirft drei große Gedankenkreise:

Die Analyse des politischen Systems des Nationalsozialismus setzt auf eine These, die bereits die Exposition von Neumanns Gesamtinterpretation ist: Zwar sei bei der Etablierung des Nationalsozialismus der ideologische Kampf gegen Liberalismus und Demokratie dominant gewesen und in die Rhetorik des „totalen Staates" gehüllt worden, doch bedeute das nicht, dass der Anspruch der NS-Bewegung auf die Subordination der staatlichen Gewalt umstandslos verwirklicht worden sei. Vielmehr gingen Staat und Partei eine schwer definierbare Symbiose ein, die heftig umkämpfter Kompromisse bedurfte und erst auf dieser Basis zur Gleichschaltung des politischen wie des sozialen Lebens führte.[21]

Noch am ehesten wird für Neumann dieses neuartige Gebilde aus alltäglicher Gewalt und bürokratischer Rationalität beschreibbar, wenn man sich an den Weberschen Begriff der charismatischen Führerherrschaft hält und diesen durch eine ausführliche Bestandsaufnahme der ideologischen Formierung und der praktischen Anwendung der NS-Weltanschauung anreichert. In diesem Sinne rekonstruiert Neumann die Ursprünge der Begriffe Volk und Rasse im deutschen 19. Jahrhundert sowie ihre „Modernisierung" zum politischen Antisemitismus, vor allem aber interessiert er sich für ihre Benützung zur rechtlichen und ökonomischen Diskriminierung der Juden. Der Feinderklärung nach innen entsprechen nach außen die Theorien vom deutschen „Lebensraum" und von der Überlegenheit der germanischen Rasse, die nicht nur das Völkerrecht zerstörten, sondern im Zweiten Weltkrieg schreckliche Wirklichkeit wurden.[22]

Die Analyse des Wirtschaftssystems ist Neumann ein besonderes Anliegen. Das scharfe methodologische Plädoyer für den Primat der Ökonomie und dementsprechend für den fortgesetzt kapitalistischen Charakter des Wirtschaftens unterm Nationalsozialismus[23] führt indes nicht dazu, die großen Umbrüche der 30er und 40er Jahre zu verkennen. Detailliert wird ausgeführt und an der Reorganisation der Wirtschaft im Kraftfeld zwischen Staat und Großindustrie demonstriert, dass sich die machtvoll erstarkende Konjunktur im Nebeneinander und Ineinander von zwei großen Sektoren bewegt: Während der privatkapitalistische Sektor vor allem durch Konzentrationsprozesse und rapide Monopolisierung charakterisiert ist, die exakt dadurch eine ungeahnte Dynamik entfalten konnte, dass die dirigistischen Eingriffe des Staates (vor allem Zwangskartelle, Preiskontrollen und nicht zuletzt die Regulierung des Arbeitsmarktes) für die Steigerung des Profitstrebens eingesetzt wurden, funktioniert der staatliche Sektor zwar direkt als „Befehlswirtschaft", ohne jedoch die gesamte Ökonomie planwirtschaftlich zu transformieren.[24]

Im Gegenteil, die eigentliche Pointe von Neumanns Argumentation, die durch ihre Empirienähe besticht und gerade dadurch an den marxistischen Theorieprämissen festhalten kann, besteht darin, dass der aus der Logik der Rassenideologie folgende staatliche Eigentumsraub, d.h. die „Arisierung" der jüdischen Vermögen und die „Germanisierung" der fremdländischen Industrien, vor allem den privaten Wirtschaftsgiganten zugute kommt. In der zweiten Auflage des Buches von 1944, angesichts der fortgeschrittenen Kriegswirtschaft, wird dann nicht so sehr die Umkehrung dieses Gedankens erwogen, sondern die Verschmelzung von Politik und Wirtschaft im kollektiven Verbrechen konstatiert: „Die Praktiker der Gewalt werden mehr und mehr Unternehmer und die Unternehmer Praktiker der Gewalt".[25]

Der dritte Teil des „Behemoth" buchstabiert aus, was das soziologisch bedeutet und entfaltet zu diesem Zweck eine kombinierte Klassen- und Elitentheorie, die später als „Polykratie-Theorie" bekannt wurde: Neumann sieht in Deutschland eine neue und scharf geschnittene Herrschaftsstruktur entstanden, die mit direkter Gewalt durchgesetzt wurde und nur mit den aggressivsten Mitteln, mithilfe von Terror und Propaganda aufrechterhalten werden kann. Trotzdem erscheint die herrschende Klasse nicht so sehr als eine einheitliche Formation, sondern als ein wüstes Konglomerat von politischen, sozialen und ökonomischen „Machtklumpen", deren Interessenkonkurrenz nur mühsam durch die in sich selber gestaltlose Volkstumsideologie überdeckt wird – einig sind sich die Machthaber lediglich in der rücksichtslosen Gewaltanwendung nach innen und außen.[26]

Den vier organisatorischen Säulen des NS-Regimes – Neumann unterscheidet Partei, Ministerialbürokratie, Armee und Wirtschaftsführung – steht die Masse der Bevölkerung macht- und hilflos gegenüber: Wie die Zerschlagung der demokratischen Institutionen zur Zerstörung der autonomen sozialen Milieus in Deutschland geführt hat, so ist jetzt die Arbeiterklasse, die noch in der Weimarer Zeit die stärkste politische Kraft war, dem direkten Diktat des Kapitals und der autoritären Staatsbürokratie ausgeliefert – vom Nationalsozialismus neu geschaffene Zwangsorganisationen wie die „Deutsche Arbeitsfront" sind nur gleißende Fassade, hinter der Lohndumping und Sklavenarbeit stattfinden.[27]

Neumanns Strukturanalyse der nationalsozialistischen Gesellschaftsordnung gipfelte in einem rechts- und staatstheoretischen Traktat, der vordergründig den wissenschaftlichen Weg demonstrierte, den der Gewerkschaftsanwalt zum Politikwissenschaftler zurückgelegt hatte.[28] Sprechender aber war die Schlusspointe, die mit großem Pathos hervorhob, dass die Raison d'être des NS-Regimes in der Zerstörung der rechtlich garantierten Freiheiten bestand und das daraus entstandene Vakuum des Schreckens durch Propaganda und Terror gefüllt wurde. Die Vernichtungswut des Regimes erschien als grenzenlos und richtete sich sowohl gegen die Arbeiterbewegung als auch gegen alles und jedes, was dem Expansionsstreben des Regimes zu widerstehen wagte. Wenn Neumann den Nationalsozialismus abschließend als „None-state" titulierte[29], so verwies er damit auf die höchst effektive Mischung aus rationellen und chaotischen, aus modernen und atavistischen Elementen, die dem Regime seine unerhörte Destruktivität verlieh – und der demonstrative Bezug auf den alttestamentarischen Mythos des „Behemoth" unterstrich genau dies. Auch wenn es an dieser Stelle nicht offen ausgesprochen wurde, so verbarg sich dahinter nichts anderes als der dunkel geahnte Massenmord an den europäischen Juden.

III. Von der historischen Soziologie zur typologischen Politikwissenschaft – Sigmund Neumann und Carl Joachim Friedrich

Bei der folgenden Skizze der Totalitarismustheorie werde ich einen Fauxpas begehen, den sich ein Historiker eigentlich nicht leisten kann. Ich werde das nur allzu bekannte Totalitarismuskonzept zu charakterisieren versuchen, indem ich das diachronische Prinzip ein Stück weit gleichsam umkehre und die kanonische Finalisierung der Theorieentwicklung in Frage stelle: Während es ein Gemeinplatz in der Geschichte des Totalitarismusbegriffs ist, dass sein zeitlicher wie sachlicher Kulminationspunkt in den 1950er Jahren liegt und dass seine klassische Ausformulierung im 1956 auf Englisch, 1957 ins Deutsche übersetzten Buch von Friedrich und Breszinski greifbar wird, möchte ich mit Sigmund Neumann einen Autor der 1940er Jahre stark machen, der zudem in der Totalitarismusdebatte eine eher heterodoxe Position einnimmt.

Anders als bei der Faschismusdebatte sind wir relativ gut unterrichtet über die Entstehungsgeschichte des Totalitarismuskonzepts, das von den liberalen Gegnern des Mussolini-Faschismus in den 1920er Jahren über einige wenige, meist konservative Emigranten wie Waldemar Gurian und Eric Voegelin in die 1930er Jahre hereinreicht und schließlich in den ersten Jahren des Zweiten Weltkriegs zu einem Topos der linksliberalen und sozialdemokratischen Emigration wird. Signifikant für die letztere Fraktion sind z.B. die Publikationen eines Exkommunisten wie Franz Borkenau, der jedoch kaum über die krude, in erster Linie politisch gemeinte Gleichung zwischen dem „roten Faschismus" und dem „braunen Bolschewismus" hinauskommt.[30]

Für die späteren 1940er Jahre aber weist die Sekundärliteratur eine gewisse Verlegenheit auf, die häufig damit überspielt wird, dass eine Art von

Atempause der Totalitarismusforschung angenommen wird, die mit dem Eintritt der Sowjetunion in die Anti-Hitler-Koalition erklärt wird. Die 1950er Jahre schließlich werden dann meist unter das Paradigma der Verwissenschaftlichung des Totalitarismuskonzepts gestellt, wodurch sich die Ideenentwicklung organisch in die Disziplin der Politikwissenschaft einzuordnen scheint. Und hier wiederum erscheint die Theorie von Friedrich und Brzeszisnki als der normative wie evolutionäre Zielpunkt, auf den so gut wie alles zuläuft. Ihr Buch wird zum „Klassiker der Totalitarismustheorie" und die Politikwissenschaft zum Stadion, in dem sich der Staffettenlauf der Totalitarismusforscher vollendet. Bleibt als der einzige relevante Widerpart das Totalitarismus-Buch von Hannah Arendt – doch davon später![31]

Was Sigmund Neumann betrifft, so ist zunächst auf ein generelles Missverhältnis hinzuweisen: Während er auf eine höchst signifikante Weise in die Geschichte der politikwissenschaftlichen Emigration eingepasst war, wurde sein Schaffen, mit Ausnahme der älteren Darstellung der Weimarer Parteiensystems[32], lange Zeit nicht hinreichend beachtet. Das gilt ganz besonders für das Werk, das er selber für sein wichtigstes hielt, für „Permanent Revolution". Wie soll man dieses Buch, das im Jahr 1942, also im gleichen Jahr wie Franz Neumanns magnum opus in den USA erschien, aber erst 2013 in deutscher Übersetzung herauskam, in der Entwicklung des Totalitarismuskonzepts verorten?[33] Die Frage ist alles andere als rhetorisch gemeint, ist dieses Buch doch wie kein anderes aus dem Thesaurus der intellektuellen Emigration dem Vergessen anheimgefallen, obschon es die methodischen Probleme, die mit der Totalitarismustheorie aufgegeben waren und sind, nicht nur gestellt, sondern in exemplarischer Weise gelöst hat.[34]

Man kann sich diese Wertung durchaus erlauben, wenn man das hohe Problembewusstsein und die methodologische Sorgfalt zum Maßstab nimmt, wie sie in „Permanent Revolution“ zur Anwendung kommen. Tatsächlich dreht sich bei Sigmund Neumann fast alles um die eine Frage, die geradezu programmatisch zum Ausgangspunkt genommen wird: nämlich wie eine vergleichende Analyse ganzer Gesellschaftssysteme durchführbar ist. Tatsächlich steht der Vergleich als Methodenproblem von Anfang an im Mittelpunkt der Aufmerksamkeit, umso mehr als Neumann davon ausgeht, dass der italienische Faschismus, der deutsche Nationalsozialismus und der russische Bolschewismus prima facie keineswegs identisch sind.[35]

Erst auf der Basis von „three case studies“, die die historisch verschiedenen Ausgangslagen verdeutlichen, wird in einem zweiten Schritt – historisch-induktiv könnte man ihn nennen – ein Set von fünf Problemfeldern entwickelt, auf die totalitäre Regime mit den gleichen oder ähnlichen Strategien reagieren. Neumann spricht von der „premise of stability“, von „action instead of program”, von der “quasi-democratic foundation” der Politik, von “war-psychology” und vom „leadership principle".[36] Die Durchführung dieses Programms hält sich Schritt für Schritt an die komparative Methode, wobei das breit und souverän herangezogene Material zu einem historischen Mosaik der drei Länder zusammengesetzt wird, das den Gemeinsamkeiten ebenso ihr Recht belässt wie es die Unterschiede herausstellt.

Dennoch sind es natürlich am Ende die Gemeinsamkeiten, die sich gleichsam kumulieren und deren sorgsame Synthese dem Begriff der totalitären Herrschaft eindeutige Konturen verleiht, wobei besonders interessant ist, dass sich Neumann nicht nur an seine drei zeitgeschichtlichen Totalitarismus-„Kandidaten", an Italien, Deutschland und Russland hält, sondern dass er auch – „definition by contrast"[37] nennt er dieses spezielle Verfahren – die westlichen Demokratien in den Vergleich einbezieht. Von überragender Bedeutung für die innere Struktur totalitärer Regime sind die folgenden Punkte: die Installation des Führerprinzips, das aber nicht rein monokratisch verstanden wird, sondern an dem eine herrschaftsexekutierende Gruppe – Neumann spricht von den „political lieutenants" – maßgeblich beteiligt ist. Ihr steht eine mehr oder weniger amorphe Masse gegenüber, die ein Zerfallsprodukt der bürgerlichen Gesellschaft ist und sozialpsychologisch als „Mob" beschrieben wird.[38]

Institutionelles Zentrum der totalitären Herrschaft ist der „One Party State", der einerseits die politische Elite hervorbringt, andererseits die Massen erzieht und kontrolliert und auf diese Weise die Kommunikation zwischen Staat und Gesellschaft herstellt.[39] Während sich die institutionelle Herrschaftssicherung durchaus auch konventioneller Mittel bedient wie plebiszitärer Willensbildung und Bürokratisierung, Militarisierung und Verstaatlichung der Erziehung, liegt das Spezifikum totalitärer Herrschaftstechnik in der „fear as political weapon", wozu auch die immer effektivere Massenlenkung durch Propaganda und Kriegshetze gehört.[40]

Der Bogen dieser Analyse schließt sich angesichts des von Hitler ausgelösten und von Stalin zunächst geduldeten Angriffskrieges, bis die Sowjetunion auf die andere Seite gerät und selbst zur gegnerischen Kriegspartei wird. Der regimespezifische Spannungszustand der auf Dauer gestellten Bewegung, der „permanent revolution" führt mit innerer Notwendigkeit in den „international civil war", wie Neumann sein Schlusskapitel überschreibt[41] – wohlgemerkt im Jahr 1942! Und an diesem zeitgeschichtlichen Rufzeichen müsste natürlich eine ausführliche Reflexion über die Widersprüche und Ungleichzeitigkeiten anknüpfen, an denen die politische Emigration so reich ist.

Im Falle Sigmund Neumanns ist offensichtlich, dass die schroffe Gegenüberstellung der totalitären und der demokratischen Ordnungsprinzipien, mit der das Buch endet, tatsächlich in diametralen Widerspruch zu den militärischen Kampfformationen geraten musste. Und hier dürfte auch einer der Hauptgründe für die fast völlige Wirkungslosigkeit von „Permanent Revolution" in den 40er

Jahren liegen: es passte schlicht nicht in die aktuelle, gleichzeitig hochpolitisierte und international konditionierte Situation, als die Sowjetunion der wichtigste Bündnispartner gegen die faschistischen Achsenmächte geworden war, deren Niederlage noch keineswegs absehbar war.

Wenn man von hier aus den Sprung in die Mitte der 1950er Jahre riskiert und die von Sigmund Neumann so plastisch formulierte Gretchenfrage der Totalitarismusanalyse, die nach der methodischen Durchführbarkeit des Systemvergleichs, an das Totalitarismus-Buch von Friedrich und Brzeszinski[42] richtet – welche Veränderungen zeigen sich und wie hängen sie mit der Prätention der „Verwissenschaftlichung" zusammen, die besonders von der Politikwissenschaft auf die Totalitarismusanalyse ausstrahlte? Welche Fortschritte sind zu konstatieren – oder gibt es auch Rückschritte, die vielleicht der Preis für die forcierte „Verwissenschaftlichung" waren?

Die Beantwortung dieser Frage fällt eindeutig aus, wenn man sich die viel größere Fülle des historischen und empirischen Materials vergegenwärtigt, das den Autoren in der Mitte der 50er Jahre mittlerweile zur Verfügung stand. Das betrifft nicht nur die mächtig anwachsende Flut an Quellen, Dokumenten und Analysen zum Nationalsozialismus, sondern mehr noch die größere Distanz, die nach dem Tod Stalins und den Enthüllungen des 20. Parteitages vor allem auch gegenüber der Entwicklung im Sowjetblock möglich geworden war. Hinzu kommt natürlich, dass mit Brzeszinski ein Kenner der russisch dominierten Gesellschaften, ein ausgewiesener Sowjetologe zur Verfügung stand. Aber kann man dieselbe positive Einschätzung umstandslos auch auf die Subtilität der Theoriekonstruktion und auf die methodologische Durchführung der Totalitarismusanalyse beziehen?

Ich kann diese Frage hier nicht detailliert beantworten[43], möchte aber die glatte Oberfläche dieses Klassikers der Politikwissenschaft wenigstens etwas ankratzen – durch drei Überlegungen:

Die erste Überlegung bezieht sich auf den Status der sechs „allgemeinen Eigenschaften“ totalitärer Regime, die bekanntlich gleich in der Einleitung des Buches frisch-fröhlich aufgelistet werden[44] und von denen nicht klar wird, wie aus ihnen der Typus der totalitären Diktatur entspringen soll, zumal ja gleichzeitig die These stark gemacht wird, dass die totalitäre Herrschaftsform ein Herrschaftstypus sui generis sei und eine ausgesprochene historische Novität darstelle.

Der zweite Einwand hängt damit zusammen, bezieht sich aber mehr auf die theoretische und die empirische Berechtigung der überdominanten Monopolisierungsannahme, wie sie einerseits in der führenden Rolle der Einheitspartei offensichtlich ist, aber eben andererseits auch in den letzten drei Systemeigenschaften (Nachrichten-, Waffen- und Wirtschaftsmonopol) zum Ausdruck kommt: Drückt sich darin eine Tradition der Staatswissenschaft, eben ihre Staatszentrierung aus, die dann wiederum mit der Ausgangsthese von der Novität des Totalitarismus in Konflikt käme – oder wird hier einfach ein für den Bolschewismus plausibles Theoriemodell auf den Nationalsozialismus zurückprojiziert?

Schließlich gibt es durch die gesamte Argumentation hindurch eine penetrante Tendenz zur Konzentration auf die Herrschaftsmethoden, d.h. eine technizistische Interpretationsneigung, die teils mit der Annahme von der steigenden Bedeutung der Technik in der modernen Gesellschaft begründet wird, teils aber auch mit der (unbegründeten) Affinität des hier zugrunde gelegten Wissenschaftsideals zur instrumentellen Rationalität totalitärer Vergesellschaftung zusammenhängen dürfte.[45]

IV. „Die Überflüssigkeit des Menschen" – Hannah Arendts philosophische Deutung des Totalitarismus

Der zeitgenössische Kontext, in dem Hannah Arendts Totalitarismus-Buch seinen Platz hat, ist sicherlich ein vieldeutiges und widersprüchliches Gewebe, und er verliert diesen amorphen Charakter auch dadurch nicht völlig, dass die zeitlichen Eckdaten auf die frühen 1940er und das Ende der 1950er Jahre festgelegt werden und das Verhältnis von Wissenschaft und Politik als sachlicher Rahmen fixiert wird. Wenn man von hier aus zu einer Analyse und Bewertung des Buches selber gelangen möchte, so läuft dies überdies darauf hinaus, ein singuläres Phänomen in ein historisches

Kontinuum „einzupassen“. Doch bereits hier fängt das Missverständnis an; denn offensichtlich war die außerordentliche Wirkung dieses Buches ja gerade dadurch bedingt, dass es eben nicht „passte“. Das Gegenteil ist anzunehmen: Hannah Arendts Totalitarismus-Buch erschien auf der intellektuellen Bühne der Nachkriegszeit als ein regelrechter Überraschungscoup, der zu Rückschlüssen auf Autorin und Sache zwingt![46]

Das trockene wissenschaftsgeschichtliche und politiktheoretische Szenario müsste also dramaturgisch umgebaut werden, etwa so: Gespielt wird eine Szene aus dem intellektuellen Leben Amerikas in den frühen 1950er Jahren; die Kulisse besteht auf der einen Seite aus dem wuchtigen Massiv der Faschismus- und Nationalsozialismustheorien, die sich von der juristischen Analyse zur Gesellschaftstheorie gesteigert hatten und in der das totalitäre Herrschaftssystem als funktionaler Bestandteil einer auf Krieg und Vernichtung ausgerichteten Maschine erschien, die man nur mehr mit kriegerischen Mitteln zur Strecke bringen konnte. Auf der andern Seite erstreckt sich die weite Ebene der Totalitarismusdebatte, der durch die ideologischen Bedürfnisse des Kalten Krieg neues politisches Leben eingehaucht wurde, die aber sowohl durch die Vergleichsperspektive als auch durch die Eingliederung in die disziplinäre Entwicklung der political science auf die Imperative der Verwissenschaftlichung festgelegt war.[47]

Worin bestanden die Überraschungseffekte, als eine mehr oder weniger unbekannte New Yorker

Essayistin in diese Szene mit einem Buch eintrat, das sich – gleichsam aus dem Hinterhalt entlegener sozialgeschichtlicher Studien zum 19. Jahrhundert – plötzlich in eine Debatte einmischte, die politisch so brisant war wie theoretisch unentschieden? Drei dieser Überraschungseffekte möchte ich unterscheiden:

1. Die These von der Singularität und der Novität des Totalitarismus

Die Behauptung, dass die totalitären Regime ein Phänomen sui generis sind und dass sie etwas Neues in der politischen Geschichte darstellen, war sicherlich früher bisweilen geäußert worden.[48] Doch hat Hannah Arendt ihr – in der später an ihr so gefürchteten Weise – eine außerordentliche Schärfe und Pointierung verliehen, die Aufmerksamkeit erregen mussten: der Totalitarismus erschien in ihrer Formulierung als etwas „völlig Neues" in der Geschichte der Menschheit, ja als ein unerhörtes und schockierendes Phänomen, das die historische und wissenschaftliche Distanzierung gar nicht erlaubte. Zu einer regelrechten Provokation aber wurde diese ihre These erst durch zwei Komplikationen, die mit der eigentümlichen Konstruktion des Buches selber zusammenhingen und die aus einem Gestus entwaffnender Naivität unversehens einen Angriff auf die Fundamente der etablierten Geschichts- und Sozialwissenschaften machten:

Hannah Arendt stellte die beiden Grundüberzeugungen der wissenschaftlichen Forschung in

Frage, die von der Kontinuität und der Kausalität historischer und sozialer Prozesse, und zwar ohne sich großartig um die komplexen methodologischen und theoretischen Voraussetzungen zu kümmern, die damit berührt waren. Und sie begab sich zweitens in einen ziemlich offensichtlichen Widerspruch, was die historische Anlage ihres Buches betraf, denn nach der Konvention des Historikerhandwerks konnten die Kapitel über den Antisemitismus und den Imperialismus, so ausführlich und gewichtig sie auch waren, nur als Vorgeschichte erscheinen, die der Entstehung der totalen Herrschaft den Weg bereitet haben musste.

Eine Diskussion der methodologischen Grundlagen des Totalitarismus-Buches ist nicht unser Anliegen.[49] Ich verzichte daher darauf, die nachträglichen Rechtfertigungen zu rekonstruieren, etwa die Unterscheidung der „Ursprünge und Elemente" der totalitären Herrschaft von ihrer „Kristallisationsform", die durchaus fragwürdig ist[50]; ebenso wie man den Eindruck überprüfen müsste, dass Hannah Arendt erst infolge der Aufmerksamkeit, die sie gerade in Wissenschaftskreisen provozierte, bei der Akzentuierung der These von der Singularität und der Novität des Totalitarismus noch einmal „nachlegte". Als Grundlage dafür wäre besonders der Text „Ideologie und Terror" geeignet, der 1953 für die Jaspers-Festschrift geschrieben wurde und der später das Schlusskapitel der amerikanischen Erstausgabe ersetzte. Gerade dieser am meisten zitierte Text zeigt aber auch eine gegenläufige Bewegung, als wolle Hannah Arendt das beispiellose Erschrecken, das sie in ihrem Buch inszeniert hat, wieder eindämmen und in gewisser Weise zurücknehmen.

So finden sich hier Formulierungen wie: „Das Entsetzen gilt nicht dem Neuen schlechthin, sondern der Tatsache, dass dies Neue den Kontinuitätszusammenhang unserer Geschichte und die Begriffe und Kategorien unseres politischen Denkens sprengt. Wenn wir sagen: Dies hätte nicht geschehen dürfen, so meinen wir, dass wir dieser Ereignisse mit den großen und durch große Tradition geheiligten Mitteln unserer Vergangenheit weder im politischen Handeln noch im geschichtlich-politischen Denken Herr werden können."[51] Auf der andern Seite wird in direktem Anschluss an diese Passage der Versuch unternommen, das Phänomen des Totalitarismus in den Rahmen der traditionellen Staatsformenlehre zu stellen, in diesem Fall in Montesquieus Typologie der politischen Moral einzuordnen – mit dem bekannten Ergebnis, dass das „eigentlich Neue" der totalitären Herrschaft nicht so sehr in der quantitativen Steigerung als vielmehr in einer neuen Qualität von Ideologie und Terror liegt, in ihrer Erhebung zu den zentralen Konstituentien politischer Beherrschung als solcher.[52]

So offensichtlich Hannah Arendt mit solchen Überlegungen eine neue literarische Qualität in der Auseinandersetzung mit dem Phänomen des Totalitarismus erreichte – innerhalb unseres Kontextes zeigt sich, was Hannah Arendt gleichsam ungenutzt liegengelassen hat, als sie ihre spezifisch philosophische Version der Totalitarismustheorie formulierte: Dazu gehörte, wie man mit dem Blick z.B. auf die beiden Neumanns feststellen kann, vor allem das hochgradige und durchaus griffbereite Erklärungspotential, wie es in neueren soziologischen Theorietraditionen zur Verfügung stand, um den inneren Zusammenhalt und die funktionale Differenzierung totalitärer Regime zu thematisieren, sei es in der Form der marxistischen Gesellschaftslehre, sei es in der Form geisteswissenschaftlicher Struktursoziologie, aus der bekanntlich Sigmund Neumann kam. Dazu gehörte aber auch das auf Relativierung angelegte und auf Distanzierung drängende Methodenarsenal vergleichender Gesellschafts- und Politikforschung, das Ende der 1940er Jahre sicherlich erst embryonal entwickelt war, aber aus heutiger Sicht die unverzichtbare Basis jedweder totalitarismustheoretischen Fragestellung ist.[53]

2. Gesamtdeutung aus dem Geist der deutschen Existentialphilosophie

Das führt uns zum zweiten und vermutlich noch stärkeren Überraschungseffekt des Totalitarismus-Buches. Wie konnte Hannah Arendt diese Vorarbeiten so souverän in den Wind schlagen, und was war an ihre Stelle getreten? Oder, weil die Frage nach der „Lücke“ dem Temperament dieser Autorin schon bei ihrem Debüt nicht entsprach, woher kamen die Kraft und die Intensität, die ihre Totalitarismus-Analyse von Anfang an so unverwechselbar machten? Oder muss man gar so weit gehen, den besonderen Effekt dieser Analyse gerade darin zu suchen, dass sie die Grenzen der Wissenschaft gegenüber dem Phänomen des Totalitarismus aufzeigte und gleichwohl darauf insistierte, dass man über dieses Phänomen nicht nur sprechen, sondern es zum Ausgangspunkt einer neuen und universalen Weise des Sprechens und Denkens machen müsse?

Dass Hannah Arendts spezifische Argumentationsweise ebenso wie ihre schriftstellerische Eleganz etwas mit einer ausgeprägten philosophischen Begabung zu tun hatte, ist auch zu Anfang der 1950er Jahre schon deutlich gewesen. Woher diese erstaunliche Gabe aber stammte, und vor allem worin die Präparierung, sozusagen die philosophische Feinstimmung der angewandten Interpretationsinstrumente bestand, wissen wir im Detail erst durch die intensive biographische Forschung, die Hannah Arendt in den letzten Jahren auf sich gezogen hat. Sie unterscheidet sich durch ihre Individualisierung nicht nur von der breiten, kollektivbiographischen Exil- und Emigrationsforschung, sondern hat aus einem kleinen Wunder der Wissenschaft eine große Mode gemacht, die internationale Ausstrahlung besitzt und auch vor der Skandalisierung nicht zurückschreckt.[54]

Wie immer man diese Literatur in ihrer liebenswürdigen Heroisierung beurteilt – parallel dazu und völlig überzeugend wurde in philosophiegeschichtlicher Perspektive herausgearbeitet, dass die erstaunliche Dynamik, die Hannah Arendts politisches Denken seit den 1950er Jahren antrieb, tatsächlich am besten verständlich wird, wenn man in ihm Grundbegriffe am Werke sieht, die offenbar direkt aus der deutschen Existentialphilosophie der Weimarer Republik, konkret von Heidegger und – etwas abgeschwächter – von Karl Jaspers adaptiert wurden. Freilich muss man sofort hinzufügen, dass diese Adaption von Anfang auf eine Transformation dieser Grundbegriffe hinauslief, die einerseits der individuellen Lerngeschichte Hannah Arendts geschuldet war und andererseits aus der Totalitarismuserfahrung eine folgenreiche philosophische Lektion zog. Das Totalitarismus-Buch ist nicht weniger als das erste, erschütternde Monument auf diesem schwierigen Weg.[55]

Tatsächlich ist es nicht übertrieben, das Totalitarismus-Kapitel des Buches als einen großen philosophischen Wurf zu lesen, dessen erstaunliche Geschlossenheit und – untrennbar damit verbunden – dessen sprachliche Eindringlichkeit sich offenbart, wenn man nur auf die Intonation und die leitmotivische Durchführung von anthropologischen Grundbegriffen wie „Verlassenheit“, „Weltlosigkeit“ und „Zerstörung der menschlichen Natur“ achtet: Schon das Einführungskapitel geht sofort in die philosophische Totale, indem der Zustand des Individuums in der Massengesellschaft als die „Zerstörung des Weltbezugs“ diagnostiziert wird.[56] Dieses Motiv setzt sich fort in der Darstellung der totalitären Propaganda und der totalitären Organisation, die präzise dadurch „totalitär“ werden, dass sie den Weltbezug und die Beziehungen der Menschen untereinander zerstören und durch ein „eisernes Band" ersetzen.

Die Darstellung der totalitären Herrschaftsform im engeren Sinn schiebt dann die traditionellen Institutionen des Gewaltmonopols, Staatsapparat und Militär, gleichsam beiseite, um zunächst an der Geheimpolizei der eigentlich totalitären Herrschaftsinstrumente ansichtig zu werden: der Ideologie als der total gewordenen Wirklichkeitszerstörung und des Terrors als der praktischen Umsetzung desselben Prinzips. In den Konzentrations- und Vernichtungslagern schließlich entdeckt Hannah Arendt „die eigentliche zentrale Institution des totalen Macht- und Organisationsapparats"[57] und damit den Wesenskern der totalitären Herrschaft, der sich der funktionalen Analyse entzieht, weil hier weder „nur" Gewaltsadismus noch Gegnervernichtung praktiziert, sondern die „Überflüssigkeit des Menschen"[58] demonstriert wird.

3. Der sachliche Nutzen der „philosophischen Übertreibungen" für die Totalitarismusanalyse

Dass Hannah Arendt mit ihrem publizistischen Erstling in den USA eine höchst originelle Leistung vorgelegt hat, deren gedankliche Eindringlichkeit vor allem mit der Dynamik ihrer philosophischen Sprechweise zusammenhing, ist ihr auch von den schärfsten Kritikern zugestanden worden. Gleichzeitig ist in der zeitgenössischen Rezeption oft vermutet worden, dass die existentialphilosophische Emphase, die in der gesamten Diktion des Buches offensichtlich am Werke ist, vielleicht nicht der Klarheit der Argumentation Abbruch getan, aber doch empfindliche Empiriedefizite überdeckt hat. So wurde gesagt, dass Hannah Arendt, die als totalitäre Regime im strengen Sinn nur den Nationalsozialismus und den Stalinismus gelten ließ (nicht jedoch den italienischen Faschismus und die sozialistischen Regime nach Stalin), keine hinreichenden Kenntnisse über die sowjetische Entwicklung hatte oder dass sie die inneren Strukturen des Nationalsozialismus, besonders die Rolle der Wirtschaft, nicht hinreichend bedacht habe.

Man kann denselben Gedankengang, der vom Misstrauen zwischen Philosophie und Wissenschaft zehrt, aber auch umkehren und also fragen, ob es nicht gerade die „philosophischen Übertreibungen“ waren, denen die Forschung – damals wie heute – wichtige Einsichten in die innere Logik des Totalitarismus sowohl faschistischer als auch bolschewistischer Prägung zu verdanken hat. Für unsern Kontext ist von besonderem Interesse, ob Hannah Arendts philosophischer approach die sachliche, d.h. die historische wie sozialwissenschaftliche Erforschung der totalitären Gesellschaften gefördert oder ob er diese eher behindert hat. In der Abwägung dieser Frage vermute ich den dritten Überraschungseffekt, den Hannah Arendts Totalitarismus-Buch vielleicht weniger bei seinem Erscheinen ausgelöst hat als vielmehr aus heutiger Perspektive besitzt.

Einige der Errungenschaften des Totalitarismus-Buches möchte ich abschließend mit Begrenzung auf die Eckpunkte unseres Kontextes einfach nur aufzählen, um dem detaillierten Vergleich eine Perspektive zu weisen:

a. Die rechtstheoretische Analyse, wie sie für Fraenkel, und die Polykratie-Theorie, wie sie für Franz Neumann verbindlich ist, sind auch bei Hannah Arendt rudimentär präsent, jedenfalls deutlicher als es in der Zitation zum Ausdruck kommt.
b. Die für Sigmund Neumann charakteristische Konzentration auf den permanenten Bewegungscharakter und die institutionelle Einbindung des „Mob" in die Herrschaftspraxis ist ebenso zentral für Hannah Arendt.
c. Höchst originell – und wirklich folgenreich für die Analyse von Nationalsozialismus wie Stalinismus – ist Hannah Arendt mit der Beobachtung, dass die eigentliche Verschärfung des Terrors nicht am Anfang steht und nicht so sehr den politischen Gegnern gilt, sondern erst nach der Etablierung der Regime einsetzt und sich daher „potentiell gegen alle" richtet.
d. Was die Schlüsselrolle der Geheimpolizei für die Sicherung der politischen Herrschaft betrifft, so haben sich Friedrich/Brzeszinski von Hannah Arendt offenbar nicht nur inspiriert gefühlt, sondern sogar korrigieren lassen müssen.[59]
e. Bleibt der große und seither für Politik wie Wissenschaft immer weiter ins Zentrum der

> Aufmerksamkeit gerückte Komplex der Massenvernichtung, konkret des GULag und des Genozids an den Juden – hier scheint die wissenschaftsgeschichtliche Stellung Hannah Arendts durch eine gewisse Ambivalenz gekennzeichnet zu sein: Auf der einen Seite hat das Totalitarismus-Buch gerade diesen Aspekt durch seine wuchtige existentialistische Deutung vollkommen unübersehbar und für die Forschung unübergehbar gemacht, nicht zuletzt durch die streitbare – und bis heute umstrittene – These von der vollkommenen ökonomischen Anti-Rationalität vor allem des Holocaust. Auf der andern Seite ist offensichtlich, dass die konsequente, d.h. historisch detaillierte und soziologisch folgenreiche Erforschung des Holocaust nicht primär durch Hannah Arendt inspiriert wurde, sondern, wie das Werk vor allem Raul Hilbergs bezeugt, durch Franz Neumann.[60]

So kindisch und schief es zumal in Deutschland wäre, eine rückwirkende Konkurrenz zwischen den Autoritäten des Zeitgeschichtsbewusstseins zu eröffnen, so provokant – und nicht etwa pietätlos – ist die Überlegung, ob Hannah Arendt die inflationäre Gedächtnispolitik, die sich an die Metapher von der „Singularität des Holocaust" geheftet hat, mitgetragen hätte. Hätte sie etwa auch dieser Vermengung von Politik und Wissenschaft widersprochen, und zwar gerade vermittels des Eigensinns der philosophischen Reflexion gegenüber beiden machtbewussten Sphären, wie er dann in ihrem gesamten weiteren Werk so folgenreich wurde?

Anmerkungen

1 Zitiert wird im Folgenden nach der deutschen Übersetzung: Elemente und Ursprünge totaler Herrschaft, die zuerst 1955 erschien, hier 2. Auflage der ungekürzten Ausgabe in der Serie Piper Nr. 1032, München 1991.

2 Wirkungsgeschichtlich hat es den „anderen“ philosophischen Klassiker der Emigration vermutlich überflügelt: Horkheimers und Adornos „Dialektik der Aufklärung“ von 1947.

3 Vgl. z. B. Eckard Jesse (Hrg.), Totalitarismus im 20. Jahrhundert. Eine Bilanz der internationalen Forschung, Bonn 1996 mit Enzo Traverso, (ed.), Le totalitarism. Le XX siecle en debat, Paris 2001.

4 Die amerikanische Rezeption wurde zuerst dokumentiert von Elisabeth Young-Bruehl, Hannah Arendt. For Love of the World, New Haven and London 1982, S. 406ff. Der Kontext des 20. Jahrhunderts ist umrissen in: Alfons Söllner, Ralf Walkenhaus, Karin Wieland (Hrg.), Totalitarismus. Eine Ideengeschichte des 20. Jahrhunderts, Berlin 1997 und von Enzo Traverso (ed.), a.a.O., bes. Introduction, S. 9ff. Die internationale Rezeption wird jetzt diskutiert von Stefania Maffeis, Transnationale Philosophie. Hannah Arendt und die Zirkulation des Politischen, Frankfurt am Main 2018.

5 Karl Mannheim, Das Problem der Generationen (1928), in: ders., Wissenssoziologie. Auswahl aus dem Werk, Neuwied 1970, S. 509ff.

6 Die Ergebnisse der Emigrationsforschung sind enzyklopädisch greifbar in Claus-Dieter Krohn u.a. (Hrg.), Handbuch der deutschsprachigen Emigration 1933–1945, Darmstadt 1998.

7 Vgl. dazu meinen Essay: Totalitarismus – eine kleine Ideengeschichte des 20. Jahrhunderts, in: Politisches Denken. Jahrbuch 2019, im Erscheinen. Zur Emigration der Politikwissenschaftler vgl. mein Deutsche Politikwissenschaftler in der Emigration. Akkulturation und Wirkungsgeschichte, Opladen 1996.

8 Hannah Arendt, Elemente und Ursprünge totaler Herrschaft, a.a.O., S. 14.

9 So z.B. bei Seyla Benhabib, Hannah Arendt – die melancholische Denkerin der Moderne, Hamburg 1998, bes. S. 111ff.

10 So von Julia Kristeva, Das weibliche Genie: I. Hannah Arendt, Berlin, Wien 2001, bes. S. 167ff.

11 Typisch für dieses Genre ist die Form des politischen Pamphlets, Bücher sind eher die Ausnahme: Für die sozialdemokratische Linke vgl. z.B. Hermann Heller, Europa und der Faschismus, Berlin 1929. Am andern Ende des demokratischen Spektrums gab es häufig Sympathien für die neuen Regime, vgl. z.B. Gerhard Leibholz, Die Auflösung der liberalen Demokratie in Deutschland und das autoritäre Staatsbild, München, Leipzig 1933.

12 Andere Beispiele aus derselben Zeit, die hier nicht analysiert werden können, sind: Karl Loewenstein, Hitler's Germany, New York 1939; William Ebenstein, The Nazi State, New York 1943. Fast jeder der politikwissenschaftlichen Emigranten hat irgendwann einmal wenigstens einen Aufsatz gegen Hitler geschrieben!

13 Die Entstehungsgeschichte des Doppeltstaates wird genau dokumentiert von Alexander von Brünneck in: Ernst Fraenkel, Gesammelte Schriften Band 2, Baden-Baden 1999, bes. das Vorwort S. 7ff.

14 Während diese politikwissenschaftliche These selbst beibehalten wird, wird ihre klassentheoretische Begründung auf dem Weg vom deutschen „Urdoppelstaat" zum amerikanischen „Dual State" abgeschwächt.

15 Vgl. bes. Teil I: Die Rechtsordnung des Doppelstaates, ebenda S. 53–155.

16 Vgl. bes. Teil II: Die Rechtslehre des Doppelstaates, ebenda S. 157–201.

17 Carl Schmitt ist im ganzen „Doppelstaat" die wichtigste Gegenfigur, besonders aber ebenda, S. 194ff. und 249ff.

18 Aus dieser Zeit stammt die Dissertation Neumanns: Die Herrschaft des Gesetzes, übersetzt und mit einem Nachwort von Alfons Söllner, Frankfurt/M 1980.

19 Vgl. dazu Helmut Dubiel, Alfons Söllner (Hrg.), Wirtschaft, Recht und Staat im Nationalsozialismus. Analysen des Instituts für Sozialforschung 1939–1942, Frankfurt/M 1984.

20 Ich zitiere nach der deutschen Neuedition der 2. Auflage von 1944: Franz L. Neumann, Behemoth. Struktur und Praxis des Nationalsozialismus 1933–1944, Hamburg 2018. Zu Neumanns Bedeutung für die heutige Forschung vgl. das

Nachwort von Michael Wildt, Franz Neumann und die NS-Forschung, ebenda S. 663–699.

21 Vgl. besonders die Einleitungskapitel des Ersten Teils: Der totalitäre Staat sowie Die Revolte der Partei und der Staat der „Bewegung", ebenda S. 68–113.

22 Die hier einschlägigen Kapitel III – VI des Ersten Teils (S. 114–268) sind in der ökonomistischen Deutung des Behemoth lange Zeit überlesen worden.

23 Vgl. bes. die Passagen ebenda, S. 271ff. und 307ff.

24 Dementsprechend bleiben die beiden Kapitel über Monopolwirtschaft (S. 307ff.) und Befehlswirtschaft (S. 348ff.) integrale Bestandteile der Gesamtthese vom „totalitären Monopolkapitalismus".

25 Ebenda S. 660.

26 Vgl. das Kapitel: Die herrschende Klasse, ebenda S. 425ff.

27 Als ehemaligem Gewerkschaftsanwalt war dieser Aspekt Neumann ganz besonders angelegen. Vgl. bes. ebenda S. 464ff.

28 Ebenda, S. 531–550.

29 Ebenda, S. 541.

30 Franz Borkenau hat im englischen Exil eine ganze Reihe von Büchern geschrieben, das bekannteste ist: The Totalitarian Enemy, London 1940. Der sozialdemokratische Kontext wird umfassend analysiert von William David Jones, The Lost Debate. German Socialist Intellectuals and Totalitarianism, Urbana and Chicago 1999.

31 Interessant ist, dass eine theoriegeschichtlich desinteressierte Darstellung wie die von Abbot Gleason, Totalitarianism. The Inner History of the Cold War, New York and Oxford 1995 von dieser Finalisierung frei bleibt.

32 Die deutschen Parteien. Wesen und Wandel nach dem Krieg, Berlin 1932, wiederaufgelegt als: Die Parteien der Weimarer Republik, Stuttgart 1965.

33 Sigmund Neumann, Permanente Revolution. Totalitarismus im Zeitalter des internationalen Bürgerkriegs, Berlin 2013. Zur Biographie vgl. jetzt Michael Kunze, Sigmund Neumann. Demokratielehrer im Zeitalter des internationalen Bürgerkriegs, Berlin 2015.

34 Zum Folgenden vgl. meinen Aufsatz: Sigmund Neumanns „Permanent Revolution". Ein vergessener Klassiker der vergleichenden Diktaturforschung, in: Totalitarismus (Hrg.) A. Söllner u.a., a.a.O., S. 53–73.

35 Zitiert wird im Folgenden die von Hans Kohn besorgte zweite Auflage, der eine erweiterte Bibliographie beigefügt ist:

Permanent Revolution. The Total State in a World at War, New York 1965.

36 Vgl. ebenda, bes. das Kap. I: Modern Dictatorship Defined, S. 1–43.

37 Ebenda S. 44ff.

38 Vgl. ebenda Kap. III und IV, S. 73ff.

39 Ebenda Kap. V, S. 118ff. 40 Ebenda S. 198–203.

41 Ebenda, Kap. VIII and IX; S. 230ff.

42 Carl Joachim Friedrich, Zbigniew K. Brzeszinski, Totalitarian Dictatorship and Autocracy, Cambridge 1956. Zitiert wird hier die von Friedrich allein verantwortete deutsche Übersetzung: Totalitäre Diktatur, Stuttgart 1957.

43 Ausführlich geschieht dies jetzt in der disziplingeschichtlichen Arbeit von Hans J. Lietzmann, Politikwissenschaft im „Zeitalter der Diktaturen". Die Entwicklung der Totalitarismustheorie Carl Joachim Friedrichs, Opladen 1999.

44 Friedrich, Totalitäre Diktatur, a.a.O., S. 13–23.

45 Es ist kein Zufall, dass folgenreiche Reaktualisierungen des Totalitarismuskonzepts mit der Zurücknahme des technizistischen Erkenntnisideals verbunden sind. So bei Hans Maier (Hrg.), Totalitarismus und politische Religionen. Konzepte des Diktaturvergleichs, Band I und II, Paderborn 1996 und 1997. Vgl. auch Achim Siegel (ed.), The Totalitarian Paradigm after the End of Communism. Towards a Theoretical Reassessment, Amsterdam, Atlanta 1997.

46 Dass Erkenntnis mit dem „Aufsprengen des historischen Kontinuums" zu tun hat, war eine Grundmaxime Walter Benjamins, mit dem Hannah Arendt im Paris der 30er Jahre gut bekannt war.

47 Zum Stellenwert der Totalitarismustheorie im Kontext des Kalten Krieges vgl. Abbot Gleason, Totalitarianism. The Inner History of the Cold War, New York and Oxford 1995; zur Disziplinentwicklung der amerikanischen political science vgl. Raymond Seidelman, Disenchanted Realists. Political Science and the American Crisis, 1884–1984, Albany 1985.

48 Z.B. von dem Historiker Carlton J.H. Hayes auf der Konferenz: The Novelty of Totalitarianism in the History of Western Civilization (1939), Proceedings of the American Philosophical Society 82, 1940.

49 Einen Versuch dazu unternimmt Seyla Benhabib, Hannah Arendt, a.a.O., S.111ff.; kritisch dazu Richard Wolin, Heidegger´s Children. Hannah Arendt, Karl Löwith, Hans Jonas, and Herbert Marcuse, Princeton and Oxford 2001, S. 31ff.

50 Elemente und Ursprünge, Vorwort zur deutschen Ausgabe von 1955, S. 13/14.

51 Ebenda S. 705.

52 Die berühmten Passagen ebenda S. 711ff. zeigen gegenüber den vorausgehenden Kapiteln über die Geheimpolizei und die Konzentrationslager eine neue Intensität auch in der Formulierung!

53 Das ist die unumstößliche Überzeugung sämtlicher Reaktualisierungen der Totalitarismusdebatte, der skeptisch gestimmten, weil sozialwissenschaftlich orientierten ebenso wie der geisteswissenschaftlichen, die in den philosophischen Tenor positiv einstimmt. Zur ersten vgl. bes. Juan J. Linz, Totalitäre und autoritäre Regime, Berlin 2000; zur zweiten vgl. Hans Maier (Hrg.), Totalitarismus und politische Religionen, a.a.O.

54 Das Buch von Elisabeth Young-Bruehl, Hannah Arendt. For Love of the World, New Haven 1982 war noch eine solide politisch-intellektuelle Biographie. Die Dramatisierung setzte ein, als die Romanze zwischen Hannah Arendt und Martin Heidegger entdeckt wurde: Elzbieta Ettinger, Hannah Arendt – Martin Heidegger. Eine Geschichte, München, Zürich 1995. Die Heroisierung ist vollendet mit Julia Kristeva, Das weibliche Genie: I. Hannah Arendt, Berlin, Wien 2001.

55 Am überzeugendsten dazu ist nach mehreren früheren Aufsätzen Seyla Benhabib, Hannah Arendt, a.a.O., bes. S. 96ff. und S. 169ff.

56 Hannah Arendt, Elemente und Ursprünge, a.a.O., bes. S. 523/4.

57 Ebenda S. 677.

58 Ebenda S. 688/9.

59 Ausführlich dazu Lietzmann, Politikwissenschaft, a.a.O., S. 131ff.

60 Vgl. dazu Raul Hilberg, Alfons Söllner, Das Schweigen zum Sprechen bringen. Ein Gespräch über Franz Neumann und die Entwicklung der Holocaust-Forschung, in: Dan Diner (Hrg.), Zivilisationsbruch. Denken nach Auschwitz, Frankfurt/M 1988, S. 175ff. Jetzt auch Alfons Söllner, Franz Neumanns Behemoth und der Anfang der Holocaustforschung bei Raul Hilberg, in: René Schlott (Hrg.), Raul Hilberg und die Holocaust-Historiographie, Göttingen 2019, S. 71–89.

Wollte Hannah Arendt wirklich ein Marx-Buch schreiben? Vom Totalitarismus-Buch zu „Vita activa"[1]

Der kometenhafte Aufstieg Hannah Arendts in den Ideenhimmel des politischen Denkens ist eine so unbestreitbare Tatsache, dass es sich beinahe erübrigt, auf die widersprüchlichen Gründe zu verweisen, die dafür verantwortlich sind: Obwohl sie selbst sich keiner bestimmten politischen Richtung zurechnete, wanderte ihr Lesepublikum seit den 1950er Jahren gewissermaßen von rechts nach links. Ihre philosophische Originalität wurde durch ihre Streitlust und ihre schriftstellerische Brillanz nicht gemindert, und auch ihre wachsende Popularität tat ihrer akademischen Etablierung keinen Abbruch. Seit den 1990er Jahren bekam sie die weibliche Starrolle in einem männerdominierten Geschäft zugewiesen, obschon – oder weil? – sie keinerlei feministischer Neigungen verdächtig war. Wer heute ihre philosophischen Prämissen infrage stellt oder Kritik an ihrer politischen Aktualisierung übt, läuft Gefahr, sich zum Außenseiter zu machen.

In dieser Erfolgsgeschichte gab es lange Zeit einen Makel, der von Arendts VerehrerInnen bitter beklagt wurde, weil er dem endgültigen Einzug in den akademischen Olymp im Wege zu stehen schien: Es fehlte eine Werkausgabe, also eine einheitliche und möglichst „kritische“ Edition von Arendts Schriften, wie es der Ehrenkodex für die Klassiker zumindest in der deutschen Tradition vorschreibt. Das soll sich jetzt ändern: Anzuzeigen ist der erste Band einer auf 17 Bände angelegten Gesamtausgabe, die im Göttinger Wallstein Verlag erscheint und von einem amerikanisch-deutschen Team betreut wird. Die Zusammensetzung des von den GermanistInnen Barbara Hahn und Thomas Wild geleiteten Gremiums steht für ein Programm: Das Konzept des ganzen Unternehmens zielt darauf ab, die Zweisprachigkeit beziehungsweise Mehrsprachigkeit der Autorin ernster zu nehmen, als bisher geschehen – und liegt damit ganz im Trend neuerer und neuester Lektüren, wie sie unlängst etwa Stefania Maffeis vorgelegt hat.[2]

Doch damit nicht genug. Der Clou der von einigen Medien mit viel Vorschusslorbeer bedachten Ausgabe soll offenbar in ihrer dezidiert intermedialen Anlage bestehen. Geplant ist, dass jeder einzelne Band zunächst als gedrucktes Buch erscheint, um ein Jahr später auch in digitalisierter Form vorzuliegen. Die Online-Ausgabe soll dem internetaffinen Zeitgenossen dann mittels besonderer Features einen umfassenden Zugriff auf die Texte gestatten: Die computergestützte Stichwort-Recherche oder das Zerlegen eines Textes nach zeitlichen oder sachlichen Kriterien sollen auf diese Weise ebenso ermöglicht werden wie das Abheben der Überklebungen oder das Entziffern der handschriftlichen Überschreibungen, das die Älteren von uns aus dem vordiluvialen Zeitalter des Schreibens leidvoll erinnern. Ja, sogar das virtuelle Synthetisieren der verschiedenen Schichten nach unterschiedlichen Fragestellungen wird uns in Aussicht gestellt.

Vom Einsatz der digitalen Technik erwartet man sich nicht weniger, als die Verwirklichung eines ganz neuartigen Forschungsprozesses, der den Denkbewegungen Hannah Arendts auf die Spur kommen, die Komplexität ihrer Arbeitsweise erfassen und die Geheimnisse ihrer Darstellungskunst entschlüsseln will. Damit soll letzten Endes an der Autorin selbst ihr nur scheinbar bescheidenes epistemologisches Credo „Ich will verstehen“ nachvollziehbar werden. Wie groß die Erwartungen sind, verdeutlicht die Überschrift eines an sich lesenswerten Artikels von Elke Schmitter auf Spiegel Online, in der die Ausgabe mit den Worten angepriesen wird: „Mit einem Klick hat man all ihre Denkprozesse vor Augen“.

Auch wenn man nicht umhin kann, derart übersteigerten Vorstellungen mit einer gewissen ironischen Distanz zu begegnen, soll doch die Seriosität der hier zu besprechenden Paper-Edition nicht bezweifelt werden. Dafür stehen nicht nur ihre Herausgeber, die sich sowohl in der Arendt-Forschung als auch anderweitig einen Namen gemacht haben, sondern auch die Institutionen, an denen sie tätig sind oder von denen sie für das Projekt freigesetzt wurden: In den USA die Vanderbilt-University und das Bard-College, in Deutschland die Freie Universität Berlin und die Göttinger Universitätsbibliothek, von der die digitale Infrastruktur kommen soll. Nicht zu vergessen sind schließlich auch die Geldgeber, allen voran die Hamburger Stiftung für Wissenschaft und Kultur, die eine großzügige Anschubfinanzierung geleistet hat, während die Weiterfinanzierung des Vorhabens offenbar noch nicht vollständig gesichert ist. An Sachverstand und Professionalität herrscht also kein Mangel. Gleichwohl besteht Grund zur Vorsicht: Es wäre nicht das erste und gewiss auch nicht das letzte Mal, dass einem ebenso ambitionierten wie teuren Editionsprojekt nach einigen Bänden die Luft ausgeht!

Wie stellt sich nun der von Barbara Hahn und James McFarland edierte Erstling dar, der in der Nummerierung der Gesamtausgabe als Band 6 firmiert? Es handelt sich um ein sehr dickes, um nicht zu sagen unhandliches Buch, das auf 900 Seiten Hannah Arendts Schaffen in den Jahren von 1951 bis 1954 dokumentiert. Der in ein freundliches Blau gebundene Band behandelt damit die Zeit nach dem Erscheinen des Totalitarismus-Buches, das ihren Durchbruch als Politiktheoretikerin markierte, d.h. eine Übergangsperiode, in der Arendt offenbar vor der Frage stand, „wie es weitergehen soll". Der Titel des Bandes klingt rätselhaft: „The Modern Challenge to Tradition: Fragmente eines Buches". Aber gerade dieser Einstieg in das Gesamtprojekt ist gut gewählt, denn tatsächlich waren Skeptiker wie Bewunderer der streitbaren Denkerin immer schon gespannt zu erfahren, was eigentlich aus dem Forschungsstipendium: „Totalitarian Elements of Marxism" geworden ist, das Hannah Arendt 1951 bei der Guggenheim-Foundation beantragt und auch erhalten hatte. Bekanntlich ist weder ein Aufsatz noch ein Buch mit diesem Titel je erschienen, doch wurde nie geklärt, warum nicht.

Vor diesem Hintergrund ist es zwar sehr bedauerlich, dass man auch jetzt weder den vollständigen Forschungsantrag zu Gesicht bekommt noch Genaueres über die Gründe erfährt, aus denen die Stiftung das Projekt nach einem Jahr nicht verlängert hat. Doch die EditorInnen machen aus der Not eine Tugend, und sie tun es mit guten Gründen. Denn so wenig Hannah Arendt für „Forschungsprojekte" geschaffen war, so eifrig produzierte sie doch gerade in dieser Periode eine Fülle von Material, das man, wie ihren gesamten Nachlass, zunächst in der Library of Congress aufbewahrt hat, wo es dann geordnet und digitalisiert wurde. Auszugsweise konnte es seit einigen Jahren auch schon abgerufen werden, beispielsweise über die Universitätsbibliothek Oldenburg. Insgesamt sind es nicht weniger als 600 eng bedruckte Seiten im Arendt-Originalton, die den Leser – teils auf Englisch, teils auf Deutsch und bisweilen in beiden Sprachen – auf eine geradezu abenteuerliche intellektuelle Reise schicken. Deren Wege waren zwar seit der Publikation des Denktagebuches im Wesentlichen bekannt, ihre Umwege aber lassen sich erst jetzt genauer erschließen.

Diese Denkreise zu dokumentieren und minutiös zu kommentieren, ist das große Verdienst des vorliegenden Bandes, das umso schwerer wiegt, als sich zwar ihr Ausgangspunkt einigermaßen gut bestimmen, ihr Ende aber nur schwer abschätzen lässt, geht es doch, wie es die HerausgeberInnen etwas romantisch formulieren, um ein Projekt, das „ins Endlose geraten" ist. Das so überschriebene Nachwort (S. 827–877) hingegen ist durchaus kompakt. Ergänzt wird es nicht nur, wie üblich, durch eine Zeittafel, ein Register und eine Bibliografie, sondern auch durch eine separate Aufstellung der im Bard College (New York) aufbewahrten Privatbibliothek von Hannah Arendt. Diese forscherische Luxusgabe soll es möglich machen, ihre eigenhändigen Anstreichungen zu überprüfen, die in den vorausgehenden Kommentaren oft im altsprachlichen Original zitiert werden. Im detaillierten, nicht weniger als 300 Seiten füllenden Kommentarteil steckt die eigentliche Arbeit der HerausgeberInnen – und vielleicht entschlüsselt man diese am ehesten und schätzt sie gleichzeitig am höchsten, indem man einfach der Neugierde den Vortritt lässt und direkt, aber ungesichert fragt:

War es wirklich ein Buch über Marx und den Marxismus, an dem Hannah Arendt zu Anfang der 1950er-Jahre schrieb? Und warum hat eine Autorin wie sie, deren lebenslange Produktivität außer Zweifel steht, gerade dieses Buch nicht fertiggestellt? Konnte es nicht geschrieben werden, das heißt gab es zwingende Sachgründe für dieses Scheitern? Oder veränderte sich die Ausgangsfrage in der Auseinandersetzung mit dem Stoff so dramatisch, dass ein anderes Ziel in den Vordergrund rückte? Und falls dem so gewesen sein sollte: Warum wurde dann auch dieses neue Ziel nicht materialisiert? Sicherlich sind das eher Fragen zukünftiger Forschung, also inhaltlicher Art, während die Aufgabe einer kritischen Edition doch nur darin bestehen kann, das vorhandene Material textlich sauber zu präsentieren, es verständlich zu ordnen und daraus ein ebenso handliches wie handhabbares Archiv zu machen, das den Intentionen des Autors gerecht wird. Doch sei's drum: Wie hilfreich sind die Materialien und besonders ihre editorische Präsentation, um solche Fragen mit Aussicht auf Erfolg anzugehen?

Es spricht für die Sorgfalt, mit der die HerausgeberInnen an ihren Stoff herangehen, dass sie sich mit der Beantwortung inhaltlicher Fragen eher zurückhalten. Dennoch arbeiten sie von Anfang an mit der ebenso „starken“ wie paradoxen Annahme eines nicht-geschriebenen Buches. Damit unterstellen sie der Autorin, dass sie ein solches Buch tatsächlich schreiben wollte, ihr Vorhaben aber nicht realisieren konnte. Im Nachwort liest sich das so: „Arendt schrieb an einem Buch, das nicht dasselbe blieb; sie arbeitete in einem Denkraum, den sie immer wieder umstrukturierte“ (S. 827). Auf der Hypothese vom nicht-geschriebenen Buch beziehungsweise deren Transformation zum sich umstrukturierenden Denkraum beruht die Grobgliederung des Materials in drei etwa gleichlange Teile, in denen es dann jeweils in eine sachliche Ordnung gebracht wird –

und auch gebracht werden muss; denn es sind durchgehend inhaltsschwere, nicht selten lange und dichte, häufig aber auch „zerschnipselte" Texte, die von Hannah Arendt aus den genannten drei bis vier Jahren erhalten sind.

Umstrukturieren kann sich nur, was von sich aus bereits eine gewisse zeitliche Struktur aufweist. In diesem Sinne ist es wohl zu verstehen, dass die EditorInnen für die Zeit zwischen 1951 und 1954/5 zunächst einen Ausgangspunkt und einen Endpunkt annehmen und dann innerhalb dieses Rahmens noch einmal drei Arbeitsphasen unterscheiden. Während sich der Ausgangspunkt von Arendts Denkbewegung mit dem Erscheinen der „Origins of Totalitarianism" 1951 relativ eindeutig fixieren lässt, bereitet die Angabe ihres Endpunktes offenbar Schwierigkeiten, eben wegen des Fehlens eines fertigen Produktes. So ergibt sich in den drei großen Teilen der Edition zwar eine gewisse sachliche Gliederung für die rund 20 hier abgedruckten Texte, aber die Übergänge sind fließend, da sich sowohl die zeitliche Datierung der Texte als auch ihre thematische Abgrenzung bisweilen schwierig gestalten – nicht zuletzt deshalb, weil Hannah Arendt großzügig mit der Schere gearbeitet und zerschnittene Manuskriptseiten wieder neu zusammengesetzt oder überklebt hat. (Mit der heute geläufigen Praxis des „copy and paste" hat das freilich nichts zu tun!)

Im Teil I finden sich Texte aus den Jahren 1952/3, die teils noch als direkte Schlussfolgerungen aus dem Totalitarismus-Buch gelten dürfen (wie etwa das Stück über „Ideologie und Terror“, das dann 1955 die deutsche Fassung des Totalitarismus-Buches beschließen wird), teils eher indirekte Auseinandersetzungen mit dem Marxismus-Thema darstellen (beispielsweise ein Berliner Rundfunkvortrag zu „Hegel und Marx“ oder ein schwer einzuordnendes Manuskript zu „Law and Power“). Komplettiert wird der Teil durch eine Serie von Texten, in denen die Totalitarismuserfahrung als solche im Zentrum steht – und zwar weniger im Hinblick auf die zeitgenössische politische Lage als auf ihre Verstehbarkeit (oder besser noch: ihre verstörende Nichtverstehbarkeit). In einem Briefentwurf an Eric Voegelin vom April 1951 heißt es dazu: „Wie kommt es, dass wir aus unserer Tradition nicht im stande sind, die uns von unserer Zeit gestellten politischen Fragen zu beantworten. Dies fuehrt zu einer weiteren Frage: Was ist Politik seit Plato? und sind die seit Plato gegebenen Antworten zureichend?“ (S. 847)

Bei genauerem Hinsehen steht also bei den hier zusammengestellten wie auch bei den folgenden Texten nur eine einzige große Frage im Raum: ob nicht die geistesgeschichtliche Tradition als solche zerbrochen und damit in ihrer Gesamtheit zur Disposition gestellt ist. Diese Frage tritt zwar in verschiedenen Variationen, mit wechselnden Perspektiven und Sachbezügen auf, aber sie scheint für Arendt vor allem deshalb so dringlich zu werden, weil ihr Anfang und Ende dieses Traditionszusammenhangs auf fatale Weise miteinander verknüpft zu sein scheinen. Es ist die aktuelle

Erfahrung der totalitären Herrschaft, durch die sie die Tradition des politischen Denkens insgesamt in Frage gestellt sieht: Wie und warum – das zeigen beispielsweise die Notizen zu einer im Frühjahr 1952 an der New School in New York gehaltenen Vorlesungsreihe oder die unter dem Titel „Understanding and Politics" versammelten Varianten eines Textes, dessen Schlussversion 1953 in der Partisan Review erschien. Fragt man nach dem Stellenwert, den Marx und der Marxismus in diesem Kontext haben, so zeigt sich zunächst eine eindeutige Antistellung:

Wie Karl Marx und die ihm nachfolgenden Theoretiker des Marxismus Arendt zufolge einer von ehernen Gesetzen beherrschten Geschichtsvorstellung zur Durchsetzung verhalfen, die den Arbeitsbegriff verabsolutiert, so scheint ihr die moderne Sozialwissenschaft mit ihrem funktionalistischen Gesellschaftsbild ganz generell unfähig, das Wesen der totalitären Herrschaft zu verstehen. Dementsprechend ist die Auseinandersetzung mit Marx hochgradig ambivalent: Die Lehre von Marx ist für Arendt sicherlich wichtig, aber sie ist doch zunächst nur ein Staupunkt, der schließlich zum Abstoßungspunkt für eine nach rückwärts gerichtete Denkbewegung wird, die Rückhalt in den politischen Theorien der griechischen Klassiker sucht. Eine ähnliche Abstoßungsbewegung von Marx, jetzt ausgeweitet auf die modernen Sozialwissenschaften, lässt sich auch in drei weiteren Texten zu „Religion und Politik" beobachten, in denen Arendt das seinerzeit gängige

Konzept der „politischen Religion" kritisiert, wobei sich Arendt hier konsequent – anders als etwa Eric Voegelin – zur modernen Trennung von Religion und Politik bekennt.

Teil II versammelt Texte aus der Zeit von Mitte 1952 bis Ende 1953, bei deren Lektüre deutlich wird, dass die These vom ungeschriebenen Marx-Buch auf ein viel weiteres Gelände führt und positiver gefasst werden muss. Umso riskanter erscheint jedoch die Perspektive, für die Hannah Arendt selbst wechselnde Titel erprobt hat. Einen von ihnen halten die HerausgeberInnen für so zentral, dass sie ihn zum Titel des Editionsbandes erkoren haben: „The Modern Challenge to Tradition" – das klingt ebenso weitläufig wie vieldeutig, meint auch hier wieder den virtuellen, immer weiter ausufernden Denkraum, der sich zur gesamten Geschichte des politischen Denkens hin öffnet. Im Umkehrschluss scheint das nun aber zu bedeuten, dass es eine klare und begrenzte Konzentration auf Marx und den Marxismus bei Arendt ab einem bestimmten Zeitpunkt nicht mehr gegeben hat. Und vielleicht, so ist man versucht weiter zu fragen, hat es eine solche Konzentration bei ihr auch vorher und nachher nicht gegeben.

Also, direkt und unverblümt gegen jeden Versuch einer linken Eingemeindung gefragt: Schrieb Hannah Arendt in den frühen 1950er Jahren tatsächlich an einem Marx-Buch – oder wurde ihre Arbeit von ganz anderen Motiven angetrieben, für die der Rekurs auf Marx nur als Vorwand diente? Und wie konnte aus diesem (negativen) Abstoßungspunkt das (positive) Medium für ein intellektuelles Expansionsstreben werden, das zwar von der durch die Erfahrung des Totalitarismus geprägten Gegenwart ausging, sich aber auf die Vergangenheit erstreckte und einer Dynamik unterlag, die zu den antiken Wurzeln des politischen Denkens zurückstrebte? Und welche Rolle spielte dabei womöglich das ganz persönliche Motiv, wieder an die eigene Bildungsgeschichte aus Marburger und Heidelberger Tagen anzuknüpfen? Tatsächlich hatte, wie man im Denktagebuch nachvollziehen kann, die erneute Platonlektüre schon 1950 wieder machtvoll eingesetzt, und zwar genau in dem Augenblick, als ihre eigene Bibliothek aus Paris endlich in New York angekommen war. Vielleicht geht man aber auch nicht fehl, wenn man die Thematik des Guggenheim-Projekts primär als das Resultat einer Bewerbungsstrategie ansieht, die sich mit dem antikommunistischen Zeitgeist zu arrangieren hatte.

Doch wie dem auch sei. In den nach Hannah Arendts Rückkehr von ihrer mehrmonatigen Europareise Mitte 1952 entstehenden Texten sehen wir, wie eine nicht mehr ganz junge akademische Aspirantin, die bisher in erster Linie als politische Essayistin hervorgetreten ist, zur Hochform aufläuft. Über den Grund für diese Entwicklung informieren die Kontextstudien der HerausgeberInnen: Es handelt sich um eine Einladung zu den prominenten Christian Gauss Seminars on Criticism an der Princeton University, die Hannah Arendt, übrigens als erste Frau – als „Ausnahme-

Frau“, wie sie selbst später süffisant bemerken wird – erhalten hat. Die Mehrzahl der bis zum Beginn der Seminare im Oktober und November 1953 produzierten Texte ist nicht nur von der daraus resultierenden Euphorie getragen; sie alle zeugen auch von der gleichen rückwärtsgewandten Tendenz, die nirgendwo treffender zum Ausdruck kommt als in einem Brief an Kurt Blumenfeld vom 16. November 1953: „Ich hatte vor, eine kleine Studie über Marx zu schreiben, aber, aber – Sobald man Marx anfasst, merkt man, dass man gar nichts machen kann, ohne sich um die gesamte Tradition der politischen Philosophie zu kümmern... Augenblicklich bemühe ich mich immer noch, die Sache irgendwie abzukürzen, wenigstens im äußeren Sinn. Ich will unter gar keinen Umständen wieder ein dickes Buch schreiben. Es passt mir einfach nicht.“ (S. 827).

Das bedeutet jedoch keineswegs, dass Marx in den während dieser Zeit entstandenen Texten abwesend wäre. Tatsächlich ist seine Lehre unter vielen verschiedenen, teilweise auch widerstreitenden Perspektiven präsent. So moniert Hannah Arendt deutlich die ideologische Verzerrung, die in der Finalisierung von Marx auf den Bolschewismus besteht, und setzt positiv dagegen: „Marx's roots go by far deeper than he knew it himself. I think it could be shown that the line from Aristotle to Marx shows much less und much less decisive breaks than the line from Marx to Stalin.“ (S. 247) Allerdings ist auch offensichtlich, dass Arendt in ihrer Marx-Interpretation ziemlich selektiv verfährt und sich letztlich auf die Wiederholung einiger abstrakter Beobachtungen zu seinem Geschichtsbild beschränkt. Nicht zufällig ist immer wieder von den drei Leitsätzen die Rede, „which are like the pillars on which his whole theory and philosophy rests" und die so lauten: „Labor is the creator of man... Violence is the midwife of History... Nobody can be free who enslaves others" (S. 272).

Faszinierend zu studieren ist nun, wie Arendts Marxbild sich im Zuge der exzessiven Antikenlektüre, von der es gleichsam um- und überwuchert wird, allmählich wandelt und dabei auch durchaus positive Züge annimmt. In diesem Sinn erläutert Hannah Arendt beispielsweise die „basic self-contradictions" von Marx – die Glorifizierung der Arbeit zum Zweck der Freiheit und die Verwendung von Gewalt als Mittel der politischen Befreiung – mit Bezug auf die Hegelsche „Dialektik von Freiheit und Notwendigkeit" folgendermaßen: sie als „sheer hypocrisy and mere inconsistency" zu verstehen, „means not only to underrate the relevance of Marx's work, but to underestimate the objective difficulties and obstacles to all so-called traditional values in the modern world." (S. 275) Und schließlich geht sie sogar soweit, Marx selber vor jeder ideologischen Vereinnahmung in Schutz zu nehmen, weil ihr seine Utopie der klassenlosen Gesellschaft als Abglanz der athenischen Polis erscheint: „its geographical topos is Athens and its place in history is the 5th century before Christ." (S. 275, auch S. 277).

Welchen Stellenwert hatten also Marx und der Marxismus für Hannah Arendt in der ersten Hälfte der 1950er-Jahre? Offensichtlich ist, dass dieser sich im Laufe der Zeit verändert: In der ersten, mit dem Guggenheim-Projekt verbundenen Phase verpflichtet die Antragstellung Arendt primär auf die Beschäftigung mit der Wirkungsgeschichte der Marxschen Lehre, wobei diese – unter dem Einfluss des Kalten Krieges? – von ihr als funktionaler Bestandteil totalitärer Herrschaft gedeutet wird. Aber schon in der zweiten Phase verschiebt sich der Fokus, wird Marx zum Vehikel einer ebenso angestrengten wie produktiven Antikenreise, in deren Verlauf Arendts Platon- und Aristoteles-Lektüre ihre ambivalenten Früchte trägt. Marx avanciert in diesem Zusammenhang zum Mediator zwischen der modernen und der vormodernen Welt, in der das griechisch-römische Zeitalter spannungsvoll gegen das mittelalterliche Christentum steht. Er spielt damit für Arendt eine ähnlich wichtige Rolle wie Montesquieu, dessen Staatsformenlehre am Ende des Totalitarismus-Projektes aus der Alternativlosigkeit der totalitären Herrschaft herauszuführen schien.[3] Aber was genau geschieht mit Marx in der dritten der hier unterschiedenen Arbeitsphasen?

Für die Beantwortung dieser Frage sind zunächst einige Beobachtungen praktischer Natur interessant. Zum einen verweisen die HerausgeberInnen darauf, dass sich in Arendts Privatbibliothek tatsächlich nur wenige Werke von Marx finden lassen, während die Ausgaben der philosophischen

Klassiker, sowohl in der jeweiligen Originalsprache als auch in späteren Übersetzungen, nicht nur zahlreich versammelt, sondern auch mit zahllosen Anstreichungen versehen sind. Zum andern findet man bestätigt, was man schon aus dem Denktagebuch wusste: „Während viele, viele Seiten im Denktagebuch von der Beschäftigung mit Platon und Aristoteles, Montesquieu, Kant und Hegel zeugen, finden sich nur wenige Zitate und keine Spuren systematischer Lektüren von Marx und Engels." (S. 837) Selbst wenn der zuerst genannte Aspekt auch bedeuten könnte, dass die Marx-Bestände nachträglich aus der Bibliothek herausgenommen wurden, ist doch der zweite Befund umso gravierender: Arendts Lektürepensum konzentrierte sich offensichtlich auf die antiken Klassiker.

Scheint Arendts Retroperspektive anfangs noch von Zuversicht geleitet gewesen zu sein, stellte sich im Verlauf der Auseinandersetzung mit den Werken der Klassiker ein schlimmer Verdacht bei ihr ein: War etwa im Marxschen Geschichtsverständnis nur auf die Spitze getrieben, was als verderblicher Keim längst vorher angelegt war, und zwar schon ganz am Anfang bei Platon (und weniger bei Aristoteles)? Für Arendt wurde der Verdacht zur Gewissheit. Demnach begann die Verleugnung der zutiefst menschlichen Aktivitäten des Sprechens und Handelns schon im berühmten Höhlengleichnis und wurde, vermittelt durch die Tradition des Platonismus, zu einem machtvollen Unterstrom des abendländischen Denkens, durch den nicht nur der Zusammenhang von Wahrheit (logos) und Sprechen (dialogein) abstraktifiziert, sondern auch die Grundlagen des politischen Handelns verdunkelt wurden. Dieser Verdacht kommt in den gegen Ende des hier besprochenen Bandes versammelten Texten nicht mehr zur Ruhe. Entscheidend ist jedoch, dass er Arendt nicht etwa in eine Sackgasse, sondern ganz im Gegenteil in das weite Gelände der politischen Ideengeschichte führt. Dass diese als Ganze zur Disposition gestellt ist, kann dabei für eine so passionierte Denkerin wie Hannah Arendt nur bedeuten, dass das gesamte Gelände vom Anfang bis zum Ende neu vermessen werden muss.

„Totalitarian domination as an established fact which in its being unprecedented can not be comprehended through the categories of political thougt and whose ‚crimes' cannot be judged by traditional moral standards or punished within the legal framework of our civilization has broken the continuity of occidental history. Since then, the break in our tradition has been an accomplished fact, that is neither the result of anybody's deliberate choosing nor subject to further decision.“ (S. 470). So oder so ähnlich liest es sich in schwerem „German English“ an vielen Stellen im dritten Teil dieser Edition, und tatsächlich haben die hier versammelten Texte bei aller Verschiedenheit eines gemein: Ihr Fragehorizont ist nicht mehr auf Marx, seine Voraussetzungen und Folgen begrenzt, vielmehr weitet sich der Blick in die politische Ideengeschichte und wird dabei eines wahrhaften Dammbruchs ansichtig, der die Fundamente der Tradition unterspült und mit sich fortreißt. Mit anderen Worten: Es geht Arendt nun um nicht weniger als die Krise der abendländischen Zivilisation sowie die Frage, wie dem Traditionsbruch, der mit der Moderne gleichgesetzt wird, Einhalt geboten werden kann.

So eröffnet sie den Text „Tradition and Modern Age", der als einziger von den im Jahr 1954 entstandenen Entwürfen auch publiziert wurde, mit großer und epochenumspannender Geste: „Our tradition of political thought has its definitive beginning in the teachings of Plato and Aristotle. I believe it came to a no less definitive end in the theories of Karl Marx." (S. 484) Darin fasst sie die erwähnten Grundprinzipien des Marxschen Geschichtsbildes noch einmal zusammen, stellt jetzt aber den durch sie bewirkten Bruch mit der Tradition als unumkehrbar heraus. Damit nicht genug, radikalisiert sie den Gedanken der Traditionszerstörung noch einmal dadurch, dass sie Marx die beiden anderen großen „Rebellen" des 19. Jahrhunderts, nämlich Kierkegaard und Nietzsche, an die Seite stellt. Indem diese drei Denker als „guideposts to a past" fungieren, „which has lost its authority", erscheint der Gesamtverlauf der abendländischen Ideengeschichte als „a field of ruins". Gerade dadurch aber eröffnet sich Arendt eine gleichermaßen neue wie riesige Aufgabe, nämlich „the great chance to look upon the past with eyes undistracted by any tradition" (S. 492)

Derselbe negativ-positive Gestus durchzieht auch Hannah Arendts anlässlich eines Vortrags unternommene Auseinandersetzung mit den zeitgenössischen Vertretern des europäischen Existentialismus, und macht dabei auch nicht halt vor ihren eigenen Lehrern wie Martin Heidegger und Karl Jaspers: Sie alle bieten, genauso wenig wie die in den USA gerade zur Hochkonjunktur auflaufenden social sciences, ihr zufolge in der umfassenden Wertkrise der Gegenwart keine zuverlässige Orientierung mehr an. Damit aber steht ein offensichtliches Dilemma im Raum, das die Denk- und Schreibmotivation der Autorin selber angreift: Hatte Arendt im August 1953 in einem Brief an Gershom Scholem noch angedeutet, dass sie „eine Art Buch schreibe, scheint mir, the modern challenge to tradition“ (S. 830), so notiert sie im Denktagebuch während des Frühsommers 1954 zwar noch eine dreiteilige Gliederung, spricht aber nur mehr von drei Essays, aus denen das Buch bestehen soll: „Buch: Eventuell drei Essays: Staatsformen – Vita activa – Philosophie und Politik“ (S. 482).

Offensichtlich ist der Denkraum, in dem Hannah Arendt sich gegen Ende der hier dokumentierten Arbeitsphase bewegt, nicht nur größer, sondern auch immer komplexer geworden. Und umso zweifelhafter muss ihr das Vorhaben erscheinen, die komplexe Thematik zwischen zwei Buchdeckeln einfangen zu können. Für die Dramaturgie der vorliegenden Edition bedeutet dies aber, dass die These vom ungeschriebenen Marx-Buch nicht unreflektiert stehen bleiben kann. Wenn nämlich das Nachwort mit der Feststellung endet, dass „ein Buchprojekt wie das ihre wohl nicht abgeschlossen werden konnte“ (S. 851), so provoziert das natürlich die Frage nach den Gründen. Es ist gut, dass auch die HerausgeberInnen dies bemerken und dem negativen Resultat eine positive Perspektive hinzufügen: Gewiss befand sich Hannah Arendt Mitte der 1950er Jahre als Buchautorin erst einmal auf dem Rückzug, doch besann sie sich recht schnell auf eine andere Textgattung, mit der sie bereits vor dem Erscheinen der Origins of Totalitarianism erfolgreich gewesen war, nämlich den „Essay als Form", wie ihn der von ihr wenig geliebte Theodor W. Adorno etwa zeitgleich zum Programm erhoben hat.

Aber muss man nicht sogar noch einen Schritt weitergehen und fragen, ob es mit Blick auf Hannah Arendt überhaupt angemessen ist, von einem ungeschriebenen Buch zu sprechen, das heißt ihr die Gestaltungskraft im vorliegenden Fall abzusprechen? Zum Glück sind die EditorInnen mit Arendts Arbeitsweise auch über die hier dokumentierte Schaffensperiode hinaus gut vertraut. Sie wissen, wie konstruktiv sie – vorher wie nachher – die Technik handhabte, aus dem Fragment ein Ganzes, aus dem Essay, dessen Schreibweise sie brillant beherrschte, ein Buch zu machen. Bedauerlich ist nur, dass von ihnen nicht wirklich zu Ende gedacht wird, was man die „Dialektik von Essay und Buch" nennen könnte, und nicht nur bei Hannah Arendt, sondern auch bei vielen anderen Denkern aus der Emigranten-Generation studieren kann. So findet sich in der Edition zwar angedeutet, dass auf das nicht-geschriebene Marx-Buch vier, fünf Jahre später tatsächlich ein „echtes“ Buch folgte, nämlich „The Human Condition“ beziehungsweise „Vita activa“, wie die von Arendt selbst besorgte Übersetzung ins Deutsche dann hieß. Was und wieviel von den hier zusammengestellten Texten jedoch tatsächlich in dieses Buch einging, bleibt außerhalb der Betrachtung.

Es ist natürlich der notwendigen Arbeitsteilung eines so umfangreichen Editionsprojektes geschuldet – und nicht etwa der fehlenden Perspektive der Herausgeber-Crew –, dass von der hier dokumentierten Wirkungsgeschichte zwar der terminus a quo gut sichtbar wird, ihr terminus ad quem jedoch abgedunkelt bleibt. Unter diesem Gesichtspunkt ist es bedauerlich, dass der soeben nachgeschobene zweite Band der Gesamtausgabe werkgeschichtlich einen Schritt zurück in die späten 1940er Jahre geht.[4] Wenn aber der Band über die zweite Hälfte der 1950er Jahre einmal greifbar sein wird, dürfte sich herausstellen, dass die Gesamtmasse des ungeschriebenen Buches nur die lange Vorgeschichte zum „richtigen Buch“ war. Aufmerksame Leser wissen seit langem, dass „The Human Condition/Vita Activa“ sowohl das sorgfältigste als auch das schwierigste Werk von Hannah Arendt ist, wahrlich ihr philosophisches Hauptwerk. Doch erst jetzt lässt sich erahnen, wieviel von dem 1958 publizierten Buch – von der Systematik der Fragestellung bis in einzelne Formulierungen hinein – in den Texten der frühen 1950er Jahre bereits vorformuliert war. Man darf also gespannt sein, wie die HerausgeberInnen diesen Bogen spannen werden!

Das betrifft nicht zuletzt auch die Deutung von Karl Marx und seine Stellung im Werk von Hannah Arendt insgesamt. Auch bislang schon war offensichtlich, dass es sich bei „The Human Condition" sowohl um ein Buch über als auch gegen Marx handelte. Vor allem aber war es ein Buch mit Marx; denn wie die systematische Dreiertypologie von Arbeiten, Herstellen und Handeln in der Auseinandersetzung mit Marx entwickelt wurde, so war es von den großen Namen, die von Arendt in die Textur dieser neuen politischen Ideengeschichte kunstvoll hineingewebt wurden – von Platon und Augustinus über Descartes bis zu Kant – vor allem derjenige von Karl Marx, der die meiste Aufmerksamt erfuhr. Hannah Arendt feiert seine Gesellschaftstheorie als den „größten und konsequentesten Ausdruck" des gesamten neuzeitlichen Denkens, nennt ihn, verglichen mit John Locke und Adam Smith, den „größten der modernen Arbeitstheoretiker", und steht nicht an, noch in seinen Widersprüchen die richtungsweisenden Einsichten über die moderne Gesellschaft formuliert zu sehen. Kurz, Karl Marx „spricht nur in schockierender Radikalität aus, worüber sich die gesamte Neuzeit im Grunde einig war".[5]

Gerade im Vergleich mit Hannah Arendts geschichtsphilosophischem Respekt, mit dem sie Marx als den „rückwärtsgewandten Propheten" (Friedrich Schlegel) der abendländischen Ideenentwicklung würdigt, fällt der wegwerfende Gestus auf, mit dem er im gegenwärtigen Feuilleton behandelt wird. Wenn eine hochseriöse, durch und durch „bürgerliche“ Zeitung wie die Neue Zürcher Zeitung es für nötig erachtet, die Arendt-Gesamtausgabe etwas reißerisch mit der Überschrift: „Marx? Viel zu unpolitisch!“ zu begrüßen, und dafür eine flotte Fotografie aus den 1930er in die 1950er Jahre, von Paris nach New York hinüberschmuggelt, dann wird damit noch etwas anderes unterschlagen: die persönliche Bescheidenheit einer Autorin, die diese Liebenswürdigkeit auch später noch behielt, als sie in die große Öffentlichkeit hineingezerrt wurde. Und hätte es die Gelegenheit gegeben, sie selber zu fragen, ob nach den intimen Briefwechseln nun auch noch ihre Notizen, die „Drafts“ und überklebten Texturen aus ihrer Denkwerkstatt hervorgeholt und tatsächlich publiziert werden sollen, dann hätte sie vermutlich die für sie so wichtige Unterscheidung zwischen Öffentlichkeit und Privatheit aus ihrer immer eleganten (Hand-)Tasche gezogen und sehr schroff geantwortet: „No!“

Anmerkungen

1 Eine Besprechung von Hannah Arendt, The Modern Challenge to Tradition: Fragmente eines Buches, Kritische Gesamtausgabe Band 6, Wallstein Verlag, Göttingen 2018.

2 Vgl. Stefania Maffeis, Transnationale Philosophie. Hannah Arendt und die Zirkulationen des Politischen, Frankfurt am Main 2018.

3 So könnte man das Schlusskapitel der deutschen Fassung des Totalitarismus-Buches von 1955 interpretieren: Hannah Arendt, Elemente und Ursprünge der totalen Herrschaft, München 1986, besonders S. 710–726.

4 Hannah Arendt, Sechs Essays/Die verborgene Tradition, Kritische Gesamtausgabe, Band 3, Göttingen 2019.

5 Hannah Arendt, Vita activa oder Vom tätigen Leben, München 1967, S. 82, S. 86, S. 80. Vgl. dazu meinen Lektüreversuch, in: Alfons Söllner, Deutsche Politikwissenschaftler in der Emigration. Studien zu ihrer Akkulturation und Wirkungsgeschichte, Opladen 1996, S. 226–248.

Drucknachweise

Die beiden Aufsätze wurden für das vorliegende Buch leicht überarbeitet, sie sind ursprünglich erschienen in:

Antonia Grunenberg (Hrsg.), Totalitäre Herrschaft und republikanische Demokratie, Frankfurt am Main 2003, S. 33–56; Alfons Söllner, Fluchtpunkte. Studien zur politischen Ideengeschichte des 20. Jahrhunderts, Baden-Baden 2006, S. 98-118; sowie ders., (Hrsg.) Deutsche Frankreich-Bücher aus der Zwischenkriegszeit, Baden-Baden 2011, S. 317–346.

Die Rezension zu Hannah Arendt, The Modern Challenge to Tradition: Fragmente eines Buches, Kritische Gesamtausgabe Band 6, Göttingen 2018 erschien am 16.4.2019 auf der Internet-Plattform „Soziopolis".

Ich danke dem Nomos-Verlag sowie Karsten Malowitz vom Hamburger Institut für Sozialforschung für die Erlaubnis zum Wiederabdruck.